FASCYNUJĄCY ŚWIAT

ATLAS KOTÓW

DK | Penguin Random House

Original Title: DK Pocked Eyewitness Cats
Autor: Andrea Mills

Tłumaczenie z języka angielskiego
Praca zbiorowa

Konsultacja merytoryczna
Agata Borucka-Rasińska

Redakcja
Magia Słowa

ISBN 978-83-63550-31-8

Skład i łamanie
TEKST Projekt

Druk i oprawa
Białostockie Zakłady Graficzne

For the curious
www.dk.com

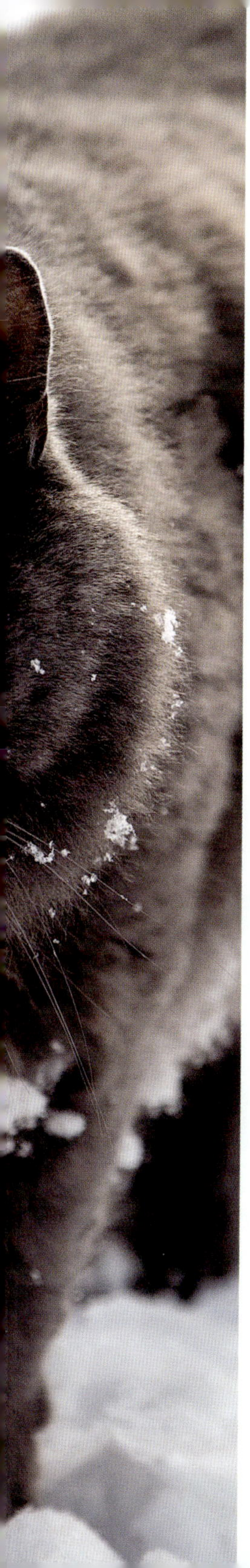

SPIS TREŚCI

Ocelot

ZAGROŻONE GATUNKI

Kategorie zagrożeń w ocenie stopni zagrożenia (CKGZ) gatunków przyjęte w Czerwonej Księdze Międzynarodowej Unii Ochrony Przyrody (*IUCN Red List*):
EX (*extinct*) – gatunek wymarły.
EW (*extinct in the wild*) – gatunek wymarły na wolności (populacje mogą jeszcze żyć w hodowlach lub ogrodach zoologicznych).
CR (*critical endangered*) – gatunek krytycznie zagrożony (najbardziej zagrożone gatunki).
EN (*endangered*) – gatunek zagrożony (wysokie ryzyko wymarcia w niedalekiej przyszłości).
VU (*vulnerable*) – gatunek narażony, gatunek wysokiego ryzyka (gatunki, które mogą wymrzeć stosunkowo niedługo, choć nie tak szybko jak zagrożone).
NT (*near threatened*) – gatunek bliski zagrożenia (gatunki bliskie zaliczenia do poprzedniej kategorii, ale jeszcze się do niej niekwalifikujące).
LC (*least concern*) – gatunek najmniejszej troski (gatunki pospolite, szeroko rozpowszechnione).
CR, EN, VU – to kategorie gatunków zagrożonych wyginięciem.

SKALE I ROZMIARY

Wielkość dzikich kotów przedstawiają rysunki w skali, pokazujące ich wielkość w stosunku do przeciętnego dorosłego mężczyzny.
Kraj – określa kraj pochodzenia.
Waga określona została dla samic i samców.

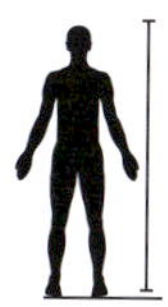

1,8 m

Kot

Koty to ssaki mięsożerne należące do rodziny kotowatych (*Felidae*), która składa się z około 40 gatunków dzikich kotów i wszystkich ras domowych. Wiele dzikich i domowych kotów ma wzorzyste futro, podczas gdy inne mają sierść jednego koloru. Większość dzikich kotów żyje i poluje samotnie z dala od ludzi, ale rasy domowe są oswojone i towarzyszą człowiekowi od tysięcy lat.

Cechy kotów

Budowa ciała i kości kota umożliwiła mu rozwinięcie szczególnych cech, takich jak zwinny ruch i szybki bieg na krótkich dystansach. Te cechy kota są wspólne zarówno dla dzikich gatunków, jak i większości odmian domowych. Nos kota ma unikatowy wzór, przypominający ludzki odcisk palca.

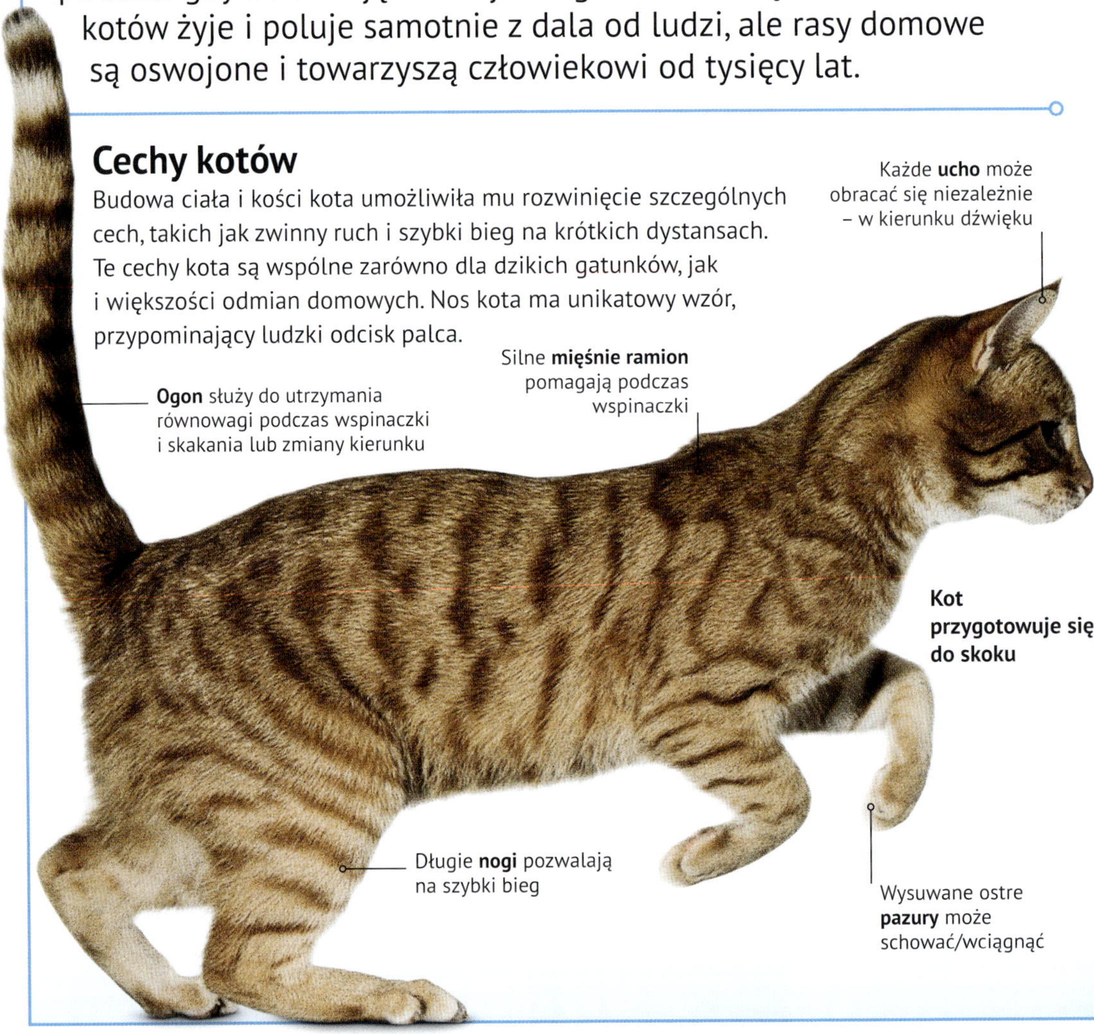

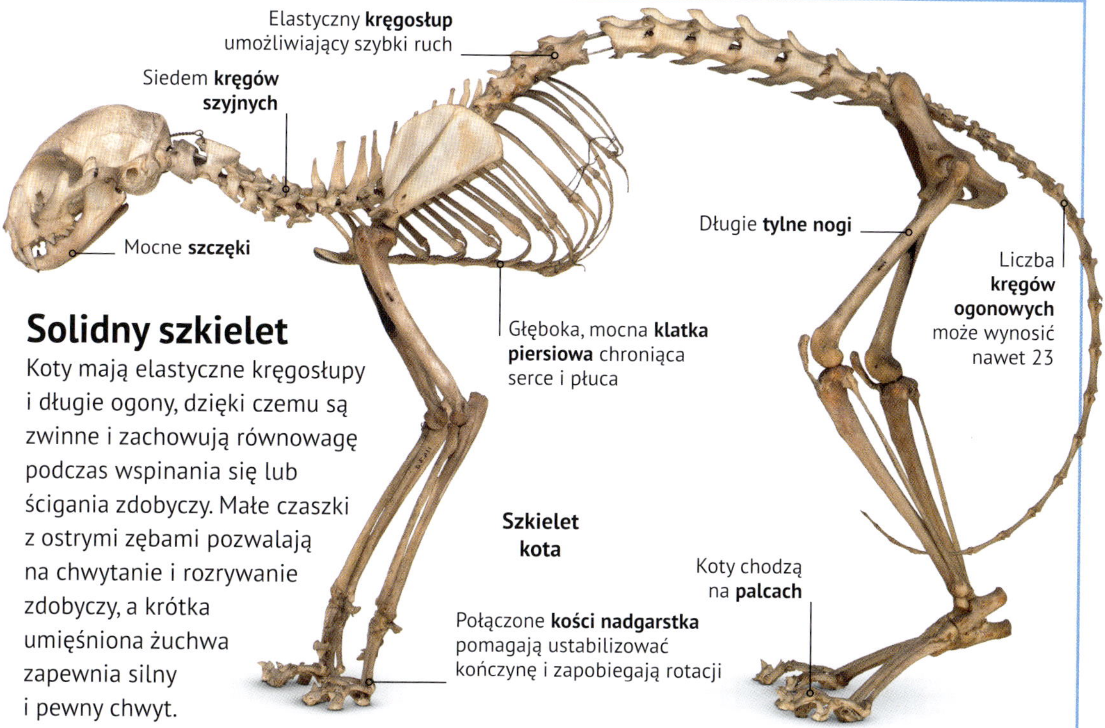

Szkielet kota

Solidny szkielet

Koty mają elastyczne kręgosłupy i długie ogony, dzięki czemu są zwinne i zachowują równowagę podczas wspinania się lub ścigania zdobyczy. Małe czaszki z ostrymi zębami pozwalają na chwytanie i rozrywanie zdobyczy, a krótka umięśniona żuchwa zapewnia silny i pewny chwyt.

SELEKCJA I PRZETRWANIE

Dzikie koty i rodowodowe koty domowe podlegają selekcji. Dzikie koty żyją na wolności i muszą polować na zdobycz. Tylko najlepiej przystosowane przeżywają. Ta naturalna selekcja doprowadziła do ewolucji dzisiejszych dzikich kotów. Koty rodowodowe podlegają sztucznej selekcji, ponieważ ludzie ściśle kontrolują swoją hodowlę.

Tygrys, dziki kot

Ragdoll, kot rasowy

Rodzina kotów

Wszystkie koty należą do tej samej rodziny drapieżników, kotowatych (*Felidae*), która jest podzielona na dwie podrodziny: *Felinae* składa się z małych kotów i obejmuje kota domowego, (*Felis catus*), podczas gdy *Pantherinae* to mniejsza grupa, składająca się z siedmiu gatunków dużych kotów.

KOTOWATE

MAŁE KOTY

FELIS

kot nubijski, kot czarnołapy, kot tybetański, żbik europejski, kot błotny, kot pustynny, kot domowy

KOTKI, KARAKALE I SERWALE

złotokot afrykański, karakal stepowy i serwal sawannowy

OCELOTY

ocelot andyjski, ocelot argentyński, ocelot chilijski, ocelot nadrzewny, ocelot wielki, ocelot tygrysi, ocelot pampasowy, ocelot środkowoamerykański

MORNI I LAMPARCIKI

morni złocisty, morni borneański, lamparcik marmurkowy

serwal sawannowy

lamparcik marmurkowy

ocelot nadrzewny

kot nubijski

kot domowy

Kot domowy wyewoluował z kota nubijskiego i żyje dalej na wszystkich kontynentach z wyjątkiem Antarktydy.

PREHISTORYCZNY KREWNY

Najwcześniejsze skamieliny kotów pochodzą sprzed 34 milionów lat. Pokazują, że pierwsze koty były pięć razy większe od obecnie żyjących wielkich kotów. Wymarłe tygrysy szablozębne miały wspólnego przodka ze współczesnymi kotami, jednak dzisiejsze koty z nich nie wyewoluowały.

Czaszka tygrysa szablozębnego

WIELKIE KOTY/PANTERY

pantera mglista, jaguar amerykański, lampart plamisty, lew afrykański, irbis śnieżny, pantera sundajska, tygrys azjatycki

RYSIE

ryś kanadyjski, ryś rudy, ryś eurazjatycki i ryś iberyjski

GEPARDY I PUMY

gepard grzywiasty, jaguarundi amerykański i puma płowa

KOTKI

kotek cętkowany, kotek kusy, kotek bengalski, manul stepowy, kotek rudy, kotek bengalski z Javy

gepard grzywiasty

lew

ryś euroazjatycki

manul stepowy

Dorastanie

Koty są stworzeniami mięsożernymi i dlatego ich organizm jest przystosowany do polowania na zdobycz i jedzenia mięsa. Większość jest samotnikami, co ma wpływ na opiekę i wychowanie młodych. Po przyjściu na świat kocięta (lub młode) nie widzą ani nie słyszą i pozostają zależne od matki przez pierwsze trzy miesiące życia.

Miot kociąt

Kotka rodzi miot około 3–5 kociąt. Kocięta poruszają się, i instynktownie przemieszczają w kierunku ciepła, a matka rozpoznaje każde ze swych kociąt po indywidualnym zapachu.

Miot śpiących kociąt

Kocięta ssące mleko

Mleko matki

Kocięta zaczynają ssać mleko matki niemal natychmiast po urodzeniu oraz przez pierwsze tygodnie życia. Mleko to zawiera wszystkie składniki odżywcze, których potrzebują kocięta, i jest bogate w przeciwciała – białka chroniące przed infekcją.

Zdobywanie umiejętności

Kocięta uczą się, jak być skutecznymi myśliwymi, goniąc zabawki i baraszkując z rodzeństwem. W czasie zabawy rozwijają zmysły i sprawność, zdobywają wiedzę, jak chronić się i walczyć w przyszłości.

Polowanie na zabawkę

Kocie lata

Pierwsze dwa lata życia kota to okres szybkiego wzrostu, równoważny 25 latom życia człowieka. Każdy kolejny rok życia kota odpowiada czterem latom życia człowieka.

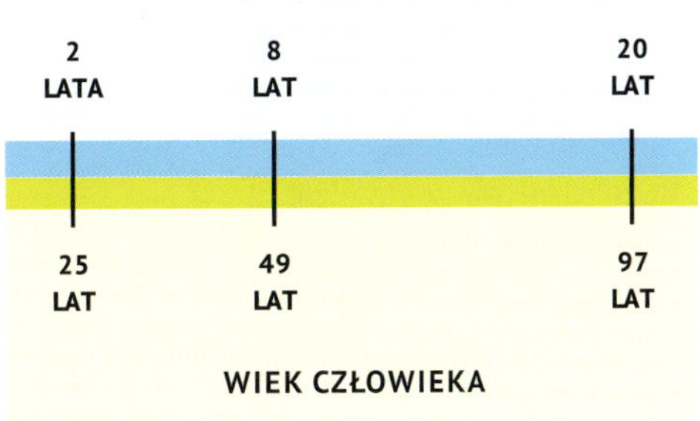

Wygląd kotów

Nie wszystkie koty domowe wyglądają tak samo. Mogą różnić się kształtem i wielkością, a także kolorem i długością sierści oraz umaszczeniem. W połączeniu z różnicami w kształcie ich pyszczków, uszu, oczu i ogonów, prowadzi to do różnorodności ras i odmian. Ustalone standardy określają pożądany wygląd każdej rasy rodowodowej.

Kształt ciała

Koty rozpoznajemy na pierwszy rzut oka, mimo że rasy pochodzące z gorących klimatów są smukłe i lekkiej budowy, podczas gdy rasy z chłodniejszych klimatów są zwykle krępe. Wyjątek stanowią rasy „karłowate", z krótszymi nogami, i koty mieszańce, które są większe niż większość ras.

Głowa

Głowa kota może być: okrągła lub wydłużona, mieć kształt klina, być zaokrąglona lub płaska. Stwarza to duże różnice w wyglądzie między rasami.

Długa, wąska i klinowata głowa sfinksa

Okrągła i płaska głowa persa

Uszy

Większość kotów ma uszy wyprostowane, ze spiczastymi lub zaokrąglonymi końcami. Godnym uwagi wyjątkiem jest szkocki zwisłouchy, którego uszy składają się do przodu. Natomiast uszy amerykańskiego curla wywijają się na zewnątrz do tyłu.

Żywe spojrzenie

O stanie zdrowia kota informują jego oczy. Mogą być okrągłe lub ukośne, w różnych odcieniach oranżu, zieleni, żółtego lub niebieskiego, rozstawione wąsko lub szeroko. U niektórych ras oczy mogą mieć różne zabarwienie.

Ogony

Większość kotów ma długie ogony, które służą do balansowania podczas wspinaczki lub spadania, i do komunikowania się z innymi kotami. Niektóre rasy mają jednak krótkie ogony lub nie mają ich wcale. Ten kot japoński bobtail (z ang. *krótko obcięty ogon*) ma bardzo krótki ogon.

Sierść, umaszczenie

Kocie futro ma za zadanie chronić jego skórę. U dzikich kotów piaskowo czerwony jednolity kolor lub szata we wzory, cętki lub paski umożliwiają kamuflaż w otaczającym środowisku. Koty domowe mają o wiele więcej kolorów i wzorów sierści, i mogą mieć długie lub krótkie futro. Niektóre rasy zostały wyhodowane selektywnie, aby mieć jak najmniej futra.

Szata, kolory i wzory

Sierść kotów ma oszałamiającą różnorodność kolorów i wzorów i ich oryginalnych połączeń, z których wiele powstało w wyniku starannej selekcji. Poniżej przedstawiono sześć najczęściej występujących umaszczeń.

Umaszczenie jednokolorowe znane również jako jednolite: włosy muszą być jednolitego koloru na całej długości: czarne, białe, niebieskie, czekoladowe, liliowe, rude, kremowe lub cynamonowe.

Umaszczenie bicolor: dwubarwna szata w wyraźne łaty, gdzie biel zajmuje od jednej czwartej do jednej drugiej powierzchni futra.

Umaszczenie tabby: Ciemny wzór w postaci pręg, cętek, rozetek lub plamek na jaśniejszym tle futra.

Umaszczenie łaciate (z białym), białe plamki: szata, która ma białe plamy różnej wielkości, jest stworzona przez gen, który hamuje produkcję barwnika.

PIGMENTACJA FUTRA

Włosy kota mają różne poziomy pigmentacji (zawartości melaniny). Barwa włosa wynika z rozłożenia tejże wzdłuż trzonu włosów. Gdy pigment występuje w samej końcówce – 1/8 włosa to mamy umaszczenie szynszylowe, 1/4 – cieniowane, 1/2 – dymne. Biały włos nie posiada żadnego barwnika, a włosy na przemian prążkowane pigmentem to ubarwienie ticked – królicze lub zajęcze.

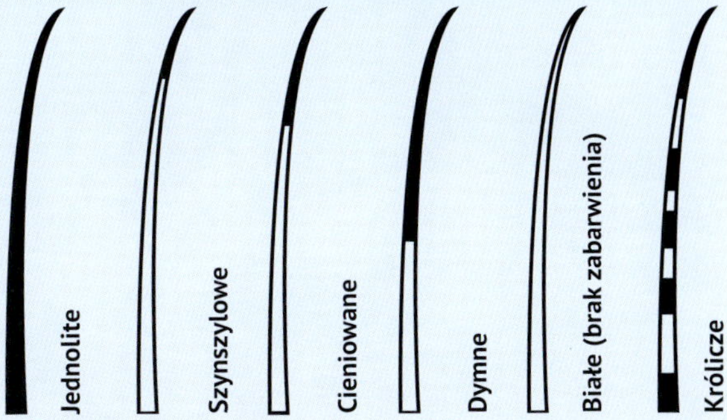

Umaszczenie point: ta szata ma jasny podstawowy kolor z ciemniejszymi obszarami na uszach, pyszczku, łapach i ogonie.

Umaszczenie szylkretowe (tortie): szata szylkretowa to wiele niejednolitych łatek w różnych kolorach, jak czerwony i czarny lub niebieski i kremowy. Ogromna większość szylkretów (ze względu na uwarunkowania genetyczne) jest płci żeńskiej.

Rodzaje włosów

Koty rasowe mają włosy różnej długości. Jedne mają długie, gęste włosy, które wymagają regularnej pielęgnacji, podczas gdy włosy innych ras są krótkie i łatwe do utrzymania. Szata niektórych ras jest kędzierzawa (reksy) lub może być pozbawiona włosów (bezwłose Sfinksy).

Krótkowłose

Długowłose

Faliste/Karbowane

Bezwłose

Język kota jest pokryty małymi, zakrzywionymi do tyłu kolcami zbudowanymi z keratyny, zwanymi

brodawkami,

które pomagają mu w jedzeniu mięsa, piciu, pielęgnacji i chłodzeniu ciała

SZORSTKI JĘZYK

Brodawki na języku kota pomagają mu chłeptać wodę. Te skierowane do tyłu kolce są wykonane z białka zwanego keratyną i wyglądają jak papier ścierny, dzięki czemu idealnie nadają się do zrywania mięsa z kości upolowanych zdobyczy. Działają również jak grzebień przy czyszczeniu futerka.

Wyostrzone zmysły

Kocie zmysły przystosowane są do drapieżnego stylu życia. Mają doskonały wzrok, który jest szczególnie wrażliwy na ruch i tak samo skuteczny w dzień, jak i w nocy. Ich duże, poruszające się niezależnie uszy mogą wykrywać szereg dźwięków i wskazywać zdobycz. Wibrysy (wąsy), doskonały receptor, wzmacniają zmysł dotyku, umożliwiając poruszanie się w ciasnych przestrzeniach i polowanie w ciemnościach.

Słuch

Koty słyszą bardzo wysokie dźwięki, które mogą być niesłyszalne dla ludzi, oraz selektywnie je wyławiają. Odpowiedzialne za przetwarzanie dźwięków części mózgu są duże i dobrze rozwinięte.

Uszy karakala, jednego z największych przedstawicieli podrodziny *Felinae*, mogą wykryć zarówno ciche kroki pustynnego gryzonia, jak i głośny pisk.

Karakal

Dotyk

Włosy czuciowe (wibrysy), działające jak radar, pomagają kotom się poruszać, szczególnie w ciemności. Grube, sztywne wąsy służą do aktywnego badania przestrzeni, odbierają bodźce z zewnątrz i przekazują je do organizmu. Występują także na górnej wardze, brodzie, na policzkach i na wysokości brwi. Wibrysy nadgarstkowe, umieszczone na spodzie łapek, pomagają przy wspinaniu się i określaniu odległości.

Kot używa wibrysów do poruszania się w wąskiej przestrzeni

Smak i zapach

Koty są mięsożercami. Nie czują słodkiego smaku. Analizują indywidualne zapachy innych kotów, otwierając pysk i głęboko wdychając zapach, tzw. reakcja Flehmena (odbiór feromonów – substancji chemicznych sygnalizujących m.in. płeć danego osobnika).

Reakcja Flehmena u lwa

Wzrok

Podobnie jak wiele dzikich kotów, koty domowe mają pionowe źrenice (ciemne obszary pośrodku każdego oka). Wielkie koty mają źrenice okrągłe. Zmiany w kształcie źrenicy zależą od ilości światła wpadającego do oka. W ciemności źrenica się rozszerza, wpuszczając światło, aby pomóc w polowaniu. W świetle słonecznym źrenica ulega zwężeniu do bardzo wąskiej, nawet milimetrowej szczeliny, zapewniając dobrą osłonę przed ostrym światłem wrażliwej warstwy komórek siatkówki oka. Oko kota pokazuje także jego nastrój – uczucie przyjemności, strachu, zadowolenia, powodują, że źrenica się rozszerza lub zwęża.

Oczy kota wydają się błyszczące w nocy dzięki błonie odblaskowej komórek odbijających światło zwanej *tapetum lucidum*.

Naturalne instynkty

Od walki o przetrwanie na wolności po bezpieczną przystań w ogródku, koty mają te same naturalne instynkty. Są doświadczonymi myśliwymi, którzy zaznaczają swoje terytorium i wyrażają swoje uczucia. Chociaż koty domowe żyją z ludźmi, są z natury dzikie, a ich zachowanie niewiele odbiega od reakcji ich dzikich przodków.

Zmysł równowagi

Koty są gibkimi i zwinnymi stworzeniami, zdolnymi do wciskania się w szczeliny i poruszania się w ciasnych przestrzeniach. Większość z nich może wspinać się a nawet spać na drzewach, a aby zachować równowagę używa elastycznych pazurów i długiego ogona.

Walka kotów

Reakcja walki lub ucieczki to rodzaj obrony w sytuacji zagrożenia. Jeśli ucieczka przed zagrożeniem nie działa, kot walczy – szczególnie w przypadku samic chroniących młode i samców broniących terytoriów.

Lampart śpiący na gałęzi

Znaczenie terytorium

Koty drapią drzewa, aby wyostrzyć pazury i oznaczyć swoje terytorium zapachem z gruczołów na łapach. Rozpylają również mocz i pozostawiają odchody. Dzikie koty mają duże terytoria, których nie mogą na stałe patrolować, dlatego używają oznaczeń zapachowych, aby ostrzec i odstraszyć rywali.

Przestraszony kot spada z wysokości

Najpierw instynktownie obraca się głowa, a następnie przednie łapy

Potem tułów i tylne łapy, które są wyciągnięte, aby przygotować się do twardego lądowania

Fenomen spadającego kota

Elastyczny kręgosłup umożliwia spadającemu kotu szybki obrót w powietrzu, aby bezpiecznie wylądować na łapach. Chociaż wszystkie koty wykazują taką zdolność, upadek z wysokości jest dla kota przerażający i może być niebezpieczny. Dlatego każdy szanujący się kociarz zabezpiecza balkon i okna, by chronić pupila.

Przenoszone przez kotkę kocięta instynktownie

zwijają się w kłębek

i nieruchomieją

BEZPIECZNA PODRÓŻ

Przy pierwszych oznakach zagrożenia każda kocia matka przenosi swoje młode. Używa zębów, by złapać kotka za luźną skórę na karku, zna dokładną siłę (różnicuje siłę nacisku w zależności od sytuacji) oraz miejsce, w którym może złapać kociaka, żeby nie spowodować bólu. Taki chwyt daje jej swobodę szybkiego biegania, aby zapewnić bezpieczeństwo kotkowi.

Koci przyjaciele

Od czasów starożytnych koty cieszyły się u ludzi szczególnymi względami. Ich niezależny duch i czuła natura sprawiły, że stały się idealnymi zwierzętami domowymi. Szybko się przywiązują i tworzą trwałe więzi ze swoimi właścicielami.

Święte koty

Koty były czczone w starożytnym Egipcie i uważano je za obrońców faraona (władcy). Wiele kotów jest uwiecznionych w grobowcach. Starożytni Egipcjanie czcili boginię kotów Bastet, przedstawianą jako kot lub z głową kota. Po śmierci kota opłakiwano go, a jego ciało mumifikowano i umieszczano w sarkofagu.

Spiżowa statua kota ze złotymi oczami, ze starożytnego Egiptu

Koty na plakacie vintage z 1894 roku

Popularne zwierzaki

Około 9 000 lat temu koty polowały na farmach na gryzonie i inne szkodniki. Oznaczało to początek ich związku z ludźmi. Obecnie na całym świecie koty są postrzegane jako ukochane zwierzęta domowe.

Zwierzęta w terapii leczniczej

Koty uwielbiają głaskanie i przytulanie. Uważa się, że mruczący kot przynosi właścicielowi korzyści terapeutyczne, w tym zmniejszenie stresu i odprężający relaks. Koty są często zabierane do szpitali i domów opieki, gdzie ludzie mogą je głaskać, co przynosi korzyści w terapii leczniczej.

Głaskanie kotów może obniżać ciśnienie krwi u ludzi

Pielęgnacja kota

Koty powinny być pod stałą opieką lekarza weterynarii, który przeprowadza regularne kontrole zdrowia, szczepienia oraz pomaga w razie nagłych przypadków. Mikroczip wszczepiony pod skórę kota zawiera dane właściciela, które pomagają zidentyfikować zagubionego zwierzaka.

Badanie okulistyczne

Grupy kotów

Większość kotów domowych na świecie żyje i rozmnaża się bez ingerencji człowieka, co doprowadziło do ich ogromnej różnorodności. Powstają jednak coraz liczniejsze rasy i krzyżówki oraz mieszańce dzięki prowadzonej przez specjalistów ukierunkowanej hodowli, jednak ich biologia i ogólna budowa ciała oparły się ingerencji ludzkiej.

Koty rodowodowe/ rasowe

Koty te zostały wyhodowane specjalnie w celu uwydatnienia określonych cech fizycznych lub pozytywnych zachowań. Oboje rodzice należą do tej samej rasy. Każda rasa ma swój niepowtarzalny wygląd i osobowość.

Przyjacielski i inteligentny kot azjatycki cieniowany (Burmila)

Mieszaniec

Koty bez rodowodu

Każdy kot bez udokumentowanego pochodzenia jest uważany za nierasowego. Nie znamy jego przodków. Do tej grupy należą również koty uliczne i zdziczałe, popularnie zwane dachowcami.

Kot bengalski jest krzyżówką dzikiego kota bengalskiego i kota domowego

Lew – przedstawiciel wielkich kotów

Krzyżówki i mieszańce

Nowe rasy powstają przez selektywne krzyżowanie kotów dwóch różnych ras lub łączenie kota domowego z innym gatunkiem dzikiego kota, tzw. hybryda.

Dzikie koty

Jak sugeruje ich nazwa, dzikie koty w naturze żyją bez towarzystwa ludzi i wszelkich form udomowienia. Muszą polować, aby przetrwać, ale ciągłe zmniejszanie populacji zwierząt stanowiących zdobycz i ograniczenie siedlisk wpływa na ich liczbę – wiele z nich to obecnie gatunki zagrożone.

ODZIEDZICZONE CECHY

Hodowcy kotów od dawna wiedzą, że cechy, takie jak kolor sierści, są przekazywane z rodzica na potomstwo. Prowadząc hodowlę selektywną do tworzenia ras o pożądanych cechach, należy także brać pod uwagę dziedziczone problemy zdrowotne.

Koty perskie przekazują wspaniałą szatę swoim kociętom

Koty domowe

Każdy kot żyjący wśród ludzi jest uważany za udomowionego. Koty to zwierzęta najczęściej towarzyszące ludziom. Cieszą się komfortem życia, jakim jest regularne jedzenie, bezpieczne schronienie i ludzkie towarzystwo.

KOCIA RODZINA
Lew to jedyny kot, który tworzy zorganizowaną grupę socjalną tzw. stado. Do osiągnięcia szóstego miesiąca życia małe koty nazywa się kociętami, dojrzałe samce to kocury, zaś samice to kotki.

Koty domowe

Pochodzący od kota nubijskiego (*Felis lybica*) kot domowy jest jedynym członkiem rodziny kotowatych (*Felidae*), który mieszka z ludźmi. Większość kotów żyjących na świecie nie ma rodowodu. Dzikie koty żyją w wielu krajach na wolności i nie mają swoich właścicieli. Koty rodowodowe powstały w wyniku selektywnej hodowli i są popularnymi zwierzętami domowymi.

Kot podczas polowania

Koty i myszy

Koty towarzyszą ludziom od kilku tysięcy lat. Kiedy egipscy farmerzy zaczęli magazynować zboże, rozmnożyły się tam szczury, myszy i inne szkodniki, dlatego zaczęli wykorzystywać koty do ochrony spichlerzy, czcili je też jako symbol płodności, macierzyństwa i rodziny. Z czasem zwyczaj trzymania kotów w domu rozpowszechnił się i stały się one cenionymi zwierzętami domowymi.

Kocia popularność

Koty domowe rozprzestrzeniły się na całym świecie, od kiedy odkrywcy i osadnicy sprowadzili je do krajów bez istniejących populacji kotów. Obecnie istnieje na świecie ponad 100 różnych ras kotów.

Kot rasy cornish rex o karakułowym futrze

Długowłosy norweski kot leśny

Czas na zabawę

Koty domowe należą do najpopularniejszych zwierząt domowych na świecie, ponieważ są kochające, towarzyskie i zabawne. Koty potrzebują zabawy do prawidłowego rozwoju, aby zachować sprawność i wyostrzać zmysły. Zabawki, drapaki i kocimiętka są ulubionymi akcesoriami dla kota.

Wesoła zabawa

Pielęgnacja

Koty to niezwykle czyste zwierzęta, które regularnie czyszczą własne futro. Jednak koty długowłose potrzebują więcej uwagi w codziennej pielęgnacji niż koty krótkowłose, aby zachować zdrowie i zapobiec powstawaniu drażniących kołtunów. Koty długowłose wymagają kąpania, aby zachować dobrą kondycję okrywy włosowej i zapobiec przetłuszczaniu się sierści. Kąpieli wymagają także koty bezwłose z uwagi na swą niezwykle wrażliwą i delikatną skórę.

Pielęgnacja długowłosego pupila

Wąsy kota są wrażliwe na
najdrobniejsze zmiany
w otoczeniu

KOCIE WĄSY
Wąsy (wibrysy) to zmodyfikowane włosy czuciowe stanowiące narząd zmysłu kota. Są mocno ukrwione i unerwione. Dzięki nim mogą wykrywać obiekty, które są zbyt blisko, aby mogły wyraźnie je widzieć. Pozwalają też znaleźć bezpieczną ścieżkę w ciemności.

Koty krótkowłose

Większość kotów domowych ma krótkie włosy, dzięki czemu ich sierść nie ulega kołtunieniu i nie przeszkadza podczas polowania. W ciągu ostatnich stu lat wiele ras krótkowłosych zostało selektywnie wyhodowanych ze zwykłych kotów domowych.

Czy wiesz, że...

WĄSY

Wąsy, inaczej wibrysy, są długimi włosami czuciowymi na pysku kota, szczególnie przydatnymi podczas polowania po zmroku.

▲ U większości kotów wibrysy są długie, proste, sztywne i bardzo wrażliwe, pomagają im znaleźć drogę w ciemności.

▲ Kręcone wąsy są najczęściej spotykane u ras rex. Są kruche i łatwo ulegają uszkodzeniu.

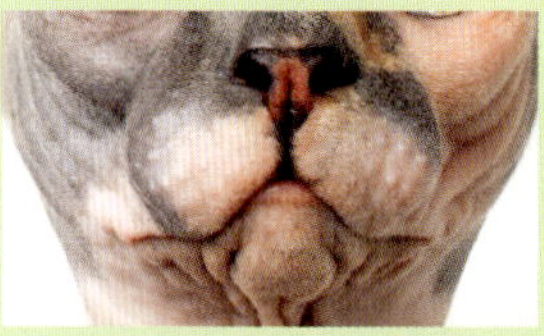

▲ Niektóre koty, takie jak bezwłosy sfinks, mają krótkie, delikatne, szczątkowe wąsy lub nie mają ich wcale.

Kot amerykański krótkowłosy

Uważa się, że europejskie koty przybyły z osadnikami do Ameryki już w 1600 roku. Na statkach miały zapobiegać rozprzestrzenianiu się szczurów i myszy, a później spełniały tę funkcję na farmach i w miastach. W latach 60. XX wieku uznano je za oficjalną rasę pod nazwą kot amerykański krótkowłosy. Przyjacielskie, inteligentne i ciekawskie.

KRAJ USA

WAGA 3,5–7 kg

UMASZCZENIE Różne odmiany kolorystyczne: jednobarwne, wielobarwne, pręgowane i szylkretowe

Amerykański szorstkowłosy (Wirehair)

Rasa ta pochodzi od spontanicznej mutacji miotu w hodowli w Nowym Jorku w 1966 roku od kociaka o imieniu Adam z kręconą sierścią. Kot ten, jak nazwa wskazuje (ang. *wirehair* – włosy z drutu) ma twardą, sprężystą i gęstą sierść, w której każdy włos jest karbowany lub zgięty na końcu, co nadaje mu wyraźnie szorstką strukturę.

KRAJ USA

WAGA 3,5–7 kg

UMASZCZENIE Różnorodne kolory i odcienie, w tym dwukolorowe, pręgowane i szylkretowe

Kalifornijski spangled

Słynie z plamistej sierści przypominającej lamparta. Został wyhodowany przez scenarzystę i reżysera, Paula Caseya w nadziei na zaprzestanie polowań na dzikie koty w Afryce – ludzie nie będą chcieli nosić futra przypominającego ich kota. Zaprezentowany w 1986 roku, ale wciąż jest rzadkością. Towarzyski, przyjacielski i łagodny.

KRAJ USA

WAGA 4–7 kg

UMASZCZENIE Ciemno plamiste, intensywnie cętkowane z podstawowymi kolorami, w tym: srebrnym, brązowym, złotym, rudym, niebieskim, czarnym, brązowym, charcoal i białym

Munchkin (czytaj: manczkin)

Rasa kota o wyjątkowo krótkich nogach, krótszych niż większość domowych kotów rodowodowych. Chociaż nogi munchkina są około połowę krótsze niż u innych kotów, zwierzęta te mogą się poruszać zaskakująco szybko. Występuje w odmianie krótko- i długowłosej (oddzielne rasy). Inteligentne, pogodne, towarzyskie i uczuciowe.

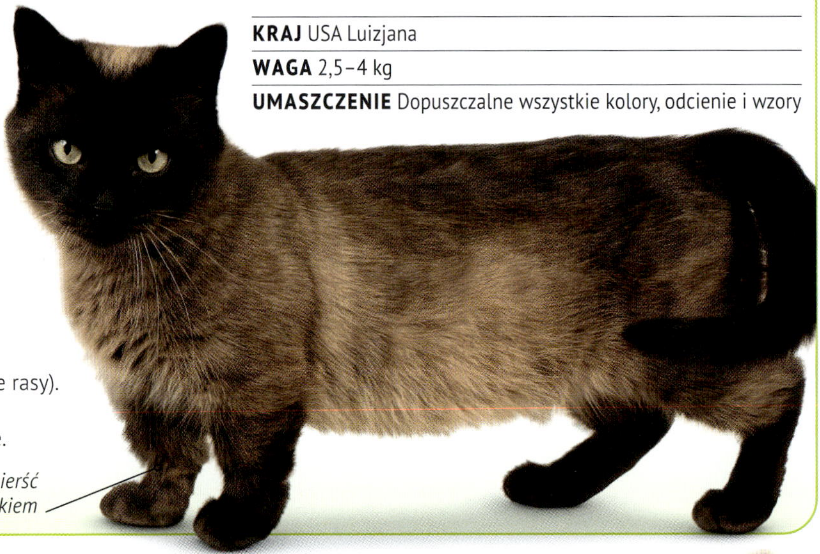

KRAJ USA Luizjana

WAGA 2,5–4 kg

UMASZCZENIE Dopuszczalne wszystkie kolory, odcienie i wzory

Kot egzotyczny

Kot egzotyczny krótkowłosy został wyhodowany jako krzyżówka kota perskiego i kota amerykańskiego krótkowłosego. Po perskich przodkach odziedziczył płaską twarz i słodki charakter. Jednak jego futro jest znacznie krótsze i nie wymaga tak intensywnego szczotkowania. Łagodne, wesołe, niezwykle przywiązane do opiekuna.

KRAJ USA

WAGA 3,5–7 kg

UMASZCZENIE Dopuszczalne wszystkie kolory i wzory

Kot bombajski

Kruczoczarny kot bombajski został wyhodowany przez skrzyżowanie czarnych amerykańskich kotów krótkowłosych z sobolowymi (ciemnobrązowymi) kotami burmskimi. Rezultatem jest muskularny kot o okrągłej głowie, miedzianych oczach, błyszczącym futrze i czułej naturze. Inteligentny, łagodny, przywiązany do właściciela.

KRAJ USA

WAGA 2,5–5 kg

UMASZCZENIE Tylko czarne

Kot bombajski był pierwszą rasą specjalnie opracowaną, by wyglądać jak miniaturowa indyjska czarna pantera, czyli lampart indochiński.

Kot snowshoe

Słodki snowshoe to kot w białych skarpetkach. Ta rzadka rasa jest spokrewniona z kotem syjamskim i podziela jego umiłowanie do rozmów i towarzystwa. Żywy, inteligentny i towarzyski.

KRAJ USA

WAGA 2,5–5 kg

UMASZCZENIE Typowe syjamskie kolory z wyraźnym znaczeniem, tzw. point.

Rasa powstała w latach 60. XX wieku, kiedy syjamska kotka urodziła trzy kocięta z białymi łapami.

Ocicat

Ten kot pochodzi od przodków syjamskich, abisyńskich i amerykańskich krótkowłosych. Jest to wysportowana i gadatliwa rasa, która łączy wygląd dzikiego kota z delikatną naturą zwierzęcia domowego.

KRAJ USA

WAGA 2,5–6,5 kg

UMASZCZENIE Czarne, brązowe, niebieskie, liliowe i płowe, wyraźne ciemne cętki

Kot hawański (Havana Brown)

Piękna brązowa sierść i czuła natura nadały tej rasie przydomek „czekoladowa rozkosz". Havana powstała w Wielkiej Brytanii w latach 50. XX wieku ze skrzyżowania kotów syjamskich i czarnych kotów krótkowłosych. Wariant amerykański nadał nowy, okrągły kształt głowy brązowym kotom z Wielkiej Brytanii. Ciekawskie, eleganckie, silnie związane z jednym panem.

KRAJ Wielka Brytania/USA

WAGA 2,5–4,5 kg

UMASZCZENIE Intensywnie czekoladowe

Toyger

Chociaż toyger został wyhodowany, aby przypominać kieszonkowego tygrysa, nie ma dzikiego temperamentu dużych kotów. Jego wzór w paski pochodzi ze skrzyżowania kota bengalskiego z pręgowanym kotem domowym. Dzięki pionowym paskom przypominającym tygrysa kolor jego sierści jest wyjątkowy wśród ras domowych. Przyjacielski, otwarty, towarzyski.

KRAJ USA

WAGA 5,5–10 kg

UMASZCZENIE Tylko pręgowane; prawie czarne pręgi na brązowym tle

Lykoi (kot wilkołak)

Unikatowy, częściowo bezwłosy, wygląd tej rasy zyskał przydomek „kot wilkołak". Niejednolicie ubarwione futro i duże, spiczaste uszy nadają mu dziki, wilczy wygląd. Lykoie wyewoluowały z naturalnej mutacji genetycznej (przypadkowy błąd w DNA) u dzikich kotów. Aktywne, uwielbiają się bawić i polować.

KRAJ USA

WAGA 2–4,5 kg

UMASZCZENIE Czarny zmieszany z białym

Kot tonkijski (tonkinese)

Ta rasa jest wynikiem krzyżowania kotów burmskiego i syjamskiego w latach 50. XX wieku. Eleganckie, smukłe ciało i długie nogi są o wiele bardziej muskularne niż wyglądają. Miły, niekłopotliwy, pozbawiony agresji, ufny.

KRAJ USA

WAGA 2,5–5,5 kg

UMASZCZENIE Wszystkie kolory z wyjątkiem cynamonowego i płowego, układające się w znaczenia pręgowane, szylkretowe i typu point.

Serengeti

Serengeti ma długą szyję i nogi serwala, dzikiego kota i tego samego żądnego przygód ducha. Nazwa pochodzi od części Afryki, w której żyją serwale. W rzeczywistości jest mieszańcem kota orientalnego i bengalskiego (a nie serwala).

KRAJ USA

WAGA 3,5–7 kg

UMASZCZENIE Żółte do złotego, szare lub srebrne zawsze z czarnymi znaczeniami

Szkocki zwisłouchy (Scottish Fold)

Małe, załamane do przodu uszy są charakterystyczną cechą tej rasy. Kociak urodzony w 1961 roku z zagiętymi z powodu mutacji uszami został wykorzystany do opracowania tej wyjątkowej rasy. Pogodny i uległy.

KRAJ Szkocja

WAGA 2,5–6 kg

UMASZCZENIE Większość kolorów, odcieni i wzorów, w tym łaciate, pręgowane i szylkretowe

Kot orientalny bikolor

Ten kot z dużym temperamentem jest bardzo głośny i czerpie radość zarówno z zabawy na świeżym powietrzu, jak i w pomieszczeniach. Występuje w szerokiej gamie kolorów i wzorów, ale zawsze ma białe obszary futra. Towarzyski, otwarty.

KRAJ USA

WAGA 4–6,5 kg

UMASZCZENIE Różne kolory, odcienie i wzory, w tym pręgowany, szylkretowy, ze znaczeniami; zawsze z białymi obszarami

Kot orientalny szylkretowy

Kolorowa sierść tego kota jest wynikiem krzyżowania jednokolorowego kota orientalnego z kotem syjamskim szylkretowym (torteipoint). Ma zielone oczy i jędrne, średniej wielkości smukłe ciało. Koty tej rasy w szacie czekoladowej (pokazanej tutaj) są w kolorze ciepłego brązu zmieszane z odcieniami rudego. W przeważającej mierze kotki. Towarzyskie, inteligentne, ciekawskie.

KRAJ Wielka Brytania

WAGA 4–6,5 kg

UMASZCZENIE Brązowe, niebieskie, czekoladowe, liliowe, płowe, cynamonowe i karmelowe, zawsze w szylkretowe wzory

Kot orientalny pręgowany

Odmiana tabby rasy orientalnej jest wynikiem krzyżowania kotów syjamskich z nierasowymi kotami pręgowanymi. Podobnie jak inne orienty jest bardzo inteligentny i poddaje się treningowi.

KRAJ USA

WAGA 4–6,5 kg

UMASZCZENIE Wszystkie kolory i odcienie we wzorach pręgowanych i szylkretowych, zmieszanych z bielą

Kot orientalny biały

Hodowcy wyselekcjonowali tę orientalną rasę w Wielkiej Brytanii w latach 50. XX wieku z ras kotów azjatyckich. Chociaż u kotów orientalnych występuje wiele kolorów i wzorów sierści, ten wyróżnia się śnieżnobiałym futerkiem i niebieskimi oczami. Towarzyskie, inteligentne, ciekawskie.

KRAJ Wielka Brytania

WAGA 4–6,5 kg

UMASZCZENIE Tylko białe

Kot orientalny cynamonowy i płowy

Czerwono-brązowa odmiana cynamonu (pokazana tutaj) jest wynikiem skrzyżowania kota syjamskiego z abisyńskim w latach 60. XX wieku. Jaśniejsze beżowe umaszczenie zostało wyselekcjonowane wkrótce potem. Pyszczek w kształcie klina z dużymi uszami to typowe cechy ras orientalnych.

KRAJ Wielka Brytania

WAGA 4–6,5 kg

UMASZCZENIE Cynamonowe i płowe

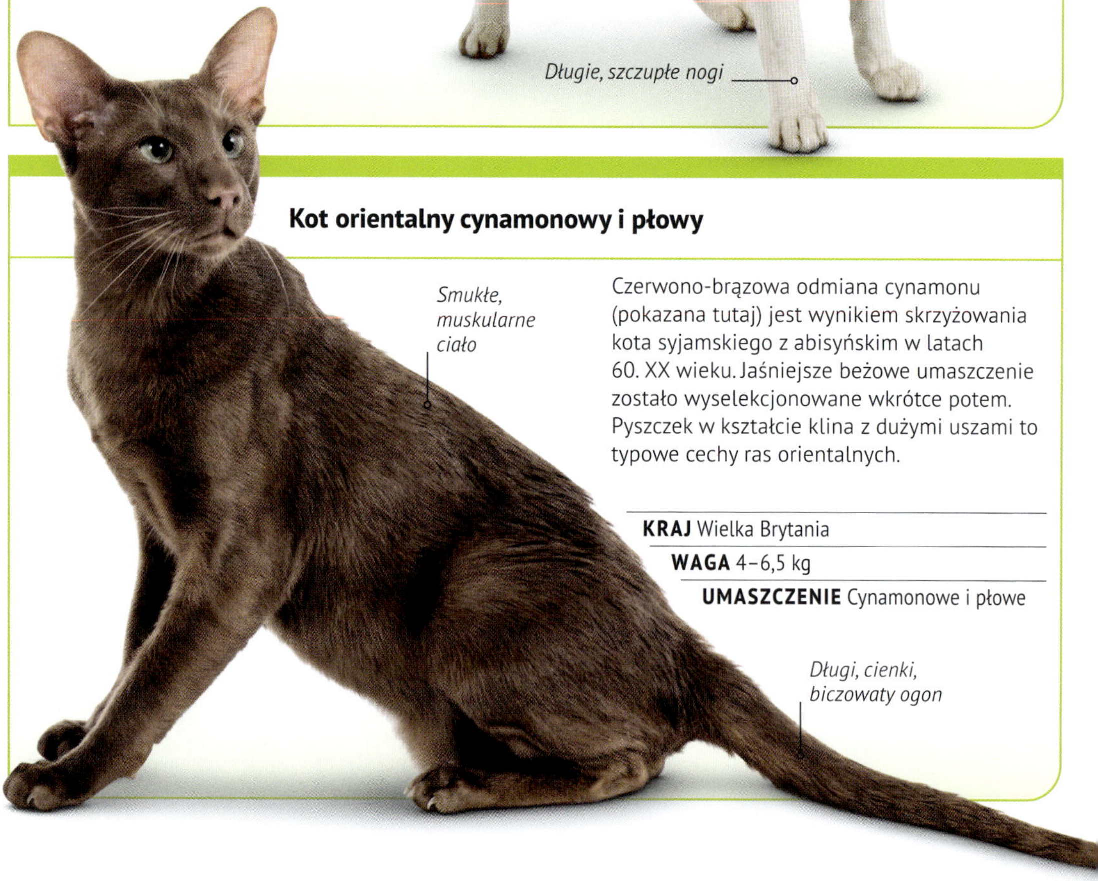

Kot orientalny czarnodymny

Sierść tego kota składa się z włosów o 2 pasmach kolorów – końcówki są ciemne i jednolite, np. czarne, zaś nasada jasna. Oba kolory są dobrze widoczne. Towarzyskie, inteligentne, ciekawskie.

KRAJ Wielka Brytania

WAGA 4–6,5 kg

UMASZCZENIE Jednolite kolory i szylkretowe wzory

Kot orientalny o jednolitym umaszczeniu

Sierść tych kotów występuje w wielu jednolitych kolorach. Ten zwracający uwagę kot jest inteligentny, towarzyski i żywy. Podobnie jak wszystkie orienty, jest również znacznie głośniejszy w porównaniu do innych ras kotów domowych.

KRAJ Wielka Brytania

WAGA 4–6,5 kg

UMASZCZENIE Kremowe, niebieskie, liliowe, hebanowe, rude z brązowym (znane również jako havana albo hawański), czarne

Kot azjatycki (krótkowłosy) jednobarwny

Sierść kota azjatyckiego jednobarwnego (przedstawiony na zdjęciu) ma jednolity kolor, podczas gdy sierść szylkretowego jest mieszaniną różnych kolorów. Dość głośny, czuły, przyjacielski, chętny do zabawy.

KRAJ Wielka Brytania

WAGA 4–7 kg

UMASZCZENIE Wszystkie jednolite kolory oraz różne wzory szylkretów

Kot azjatycki (krótkowłosy) pręgowany

W latach 80. hodowcy skrzyżowali kota perskiego szynszylowego z kotem burmskim, aby otrzymać kota azjatyckiego pręgowanego. Te koty mają pręgowaną szatę i są znane z błyszczącego, wzorzystego futra. Przyjacielskie, inteligentne, energiczne.

KRAJ Wielka Brytania

WAGA 4–7 kg

UMASZCZENIE Różne kolory pręgowania

Kot azjatycki (krótkowłosy) dymny

Odmiana dymna tego kota ma lśniący podszerstek, który sprawia, że futro wydaje się migotać podczas ruchu. Ta rasa jest z natury ciekawska, energiczna i przyjacielska.

KRAJ Wielka Brytania

WAGA 4–7 kg

UMASZCZENIE Różne kolory i wzory

Burmilla

Ten elegancki kot został nazwany „burmilla" z powodu przypadkowego połączenia kotki burmskiej liliowej z kocurem szynszylowym srebrzystym, co zapoczątkowało rozwój rasy. Występuje w wersji krótko- i półdługowłosej. Uległy, chętny do zabawy i uczuciowy.

KRAJ Wielka Brytania
WAGA 4–7 kg
UMASZCZENIE Różnorodne

Czarne znaczenia wokół oczu burmilli wyglądają, jakby kot użył kredki do oczu.

Przez pierwsze siedem dni
swojego życia kotek może spać do

20 godzin dziennie

KOCIA DRZEMKA

Dzikie koty są najbardziej aktywne o świcie i zmierzchu, to wtedy wyruszają na polowanie, często polują też w nocy. W ciągu dnia śpią i odpoczywają – czasem nawet przez 15 godzin. Koty domowe mają opiekunów, którzy zapewniają im pożywienie, dlatego są aktywne w ciągu dnia, ale długi sen mają po prostu zapisany w genach po przodkach.

Kot brytyjski krótkowłosy jednokolorowy

Najpopularniejszym rasowym kotem w Wielkiej Brytanii jest kot brytyjski krótkowłosy. Okrągła głowa, silnie zbudowane ciało, mocne nogi, krótkie futro i przyjazna natura są powszechne we wszystkich odmianach. Łagodne, spokojne, miłe.

KRAJ Wielka Brytania

WAGA 4–8 kg

UMASZCZENIE Różnorodne, szata w jednym kolorze

Kot brytyjski krótkowłosy bicolor

Występuje w wielu kombinacjach dwukolorowych i jest ceniony za prawie symetryczne znaczenia. Kot brytyjski krótkowłosy jest czuły, a miła osobowość sprawia, że stał się ulubioną rasą wśród kotów domowych.

KRAJ Wielka Brytania

WAGA 4–8 kg

UMASZCZENIE Wszystkie jednolite kolory z białym, z niebieskim, rudym, czarnym, kremowym

Kot brytyjski krótkowłosy pręgowany

Przodkowie brytyjskich kotów krótkowłosych żyli na farmach i ulicach Anglii w XIX wieku i sprawnie polowali na gryzonie. Wybrano i wyselekcjonowano najlepsze egzemplarze i otrzymano obecnie hodowaną rasę. Mają krótkie, gęste futro łatwe do utrzymania. Spokojne, łagodne o miłym usposobieniu.

KRAJ Wielka Brytania

WAGA 4–8 kg

UMASZCZENIE Wszystkie tradycyjne wzory pręgowane w wielu kolorach; wzór na sierści powinien być taki sam na obu bokach

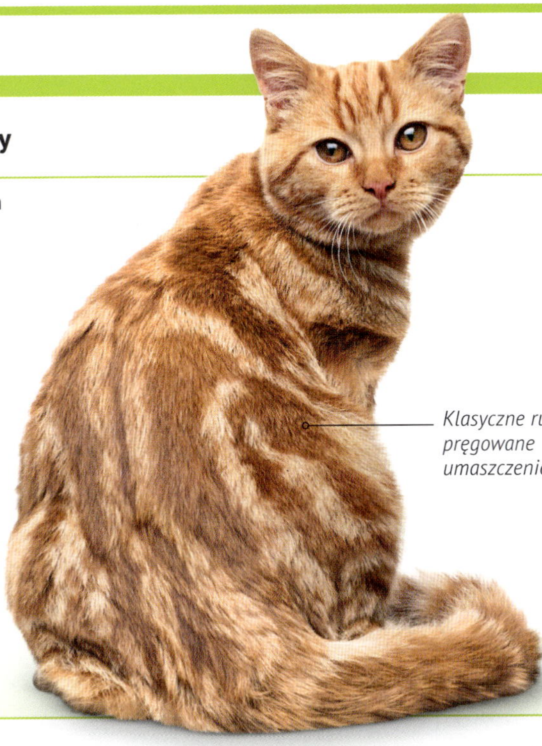

Kot brytyjski krótkowłosy dymny

Przyciągający wzrok, ma ciemną warstwę wierzchnią (czarne zakończenia włosów) z jaśniejszym podszerstkiem. Pod futrem mocne, muskularne ciało, które wymaga regularnych ćwiczeń, aby pozostało silne i zdrowe. Spokojne i łagodne.

KRAJ Wielka Brytania

WAGA 4–8 kg

UMASZCZENIE Różne kolory

Kot brytyjski krótkowłosy szylkretowy

Oryginalny wariant szylkretowego brytyjskiego krótkowłosego to czarny zmieszany z rudym. Inny wariant to mieszanka niebieskiego z kremowym. Obecnie spotyka się koty w różnych, dwóch, delikatnie wyróżniających się kolorach. Odmiana przedstawiona na zdjęciu ma wyraźne białe łaty, jest to tzw. umaszczenie calico.

KRAJ Wielka Brytania

WAGA 4–8 kg

UMASZCZENIE Niebiesko-kremowe, czekoladowe, liliowe lub czarny szylkret z białymi łatami w wariancie calico

Kot brytyjski krótkowłosy ze znaczeniami (tipped)

Jasne włosy na futrze tego kota mają kolorowe końcówki, dzięki czemu sprawiają wrażenie delikatnego barwnego nalotu. Kot ma duże oczy i okrągłą głowę. Ta odmiana ma również bujną sierść i czasami jest porównywana do pluszowego misia.

KRAJ Wielka Brytania

WAGA 4–8 kg

UMASZCZENIE Różne kolory, w tym czarny z białym lub złotym podszerstkiem oraz rudymi zakończeniami na białym podszerstku

Krótka, mocna szyja i okrągła głowa

Kot brytyjski krótkowłosy (typu point)

Ta odmiana ma jaskrawoniebieskie oczy i jasne umaszczenie oraz ciemniejsze zabarwienie na pyszczku, uszach, ogonie i łapach. Ta kolorystyka jest wynikiem krzyżowania kotów brytyjskich z rasą syjamską.

KRAJ Wielka Brytania

WAGA 4–8 kg

UMASZCZENIE Różne kolory punktowe, w tym niebiesko-kremowy, foczy, rudy, czekoladowy i liliowy; można również znaleźć wzory pręgowane i szylkretowe

Kot kartuski

Kot silny i zwinny, z pluszową niebieską szatą i „uśmiechniętym wyrazem twarzy". Chociaż jest mniej aktywny niż większość ras, to doskonały myśliwy. Uczuciowy domator.

KRAJ Francja

WAGA 3–7,5 kg

UMASZCZENIE Jasnoszaroniebieskie

Kot europejski krótkowłosy

Wyhodowany w Szwecji na początku lat 80. XX wieku ma wiele wspólnego z kotem brytyjskim krótkowłosym. Ten aktywny kot ma okrągłą głowę i muskularne ciało. Spokojny i przyjazny.

KRAJ Szwecja

WAGA 3,5–7 kg

UMASZCZENIE Jednolite różnokolorowe, dwubarwne, przydymione, pręgowane, szylkretowe i ze znaczeniami

Kot tajski

Najpierw wyhodowany jako tradycyjny syjamski z lat 50. XX wieku, później stał się smuklejszy, o bardziej klinowatym kształcie czaszki i bliżej umieszczonych oczach. Dosyć głośny, podąża za swoim właścicielem i jest zawsze gotowy do zabawy.

KRAJ Tajlandia

WAGA 2,5–5,5 kg

UMASZCZENIE Znaczenia typu point na jasnej sierści

Kot abisyński

Dokładne pochodzenie abisyńczyka pozostaje do końca nieznane, ale ta stara rasa jest często porównywana do kota nubijskiego. Kot ma pełne wdzięku, atletyczne ciało dostosowane do jego żądnego przygód ducha i entuzjazmu do odkrywania.

KRAJ Etiopia

WAGA 4–7,5 kg

UMASZCZENIE Złociste, rdzawobrązowe, morelowe lub pomarańczowe, kolor z czarnymi zakończeniami włosów

Nazwa kota pochodzi od starożytnego królestwa Abisynii – obecnie Etiopia.

Kot egipski mau

Chociaż kot ten jest bardzo podobny do kotów uwiecznionych na starożytnych egipskich malowidłach, nie jest z nimi bezpośrednio związany. Jego nazwa „Mau" oznacza po egipsku „kot". Ten cętkowany kot to czułe i wesołe zwierzę.

KRAJ Egipt

WAGA 2,5–5 kg

UMASZCZENIE Srebrzyste, brązowe i dymne, w cętki

Kot arabski mau (kot pustynny)

Pochodzi od kota pustynnego zamieszkującego gorący półwysep arabski. Został udomowiony, po tym jak przeniósł się do miast, szukając pożywienia. Selektywna hodowla tego kota rozpoczęła się w 2004 roku w celu zachowania jego pierwotnych cech i naturalnej odporności, która rozwinęła się w wyniku życia razem z ludźmi na ulicach miast. Skryty i nieuchwytny.

KRAJ Zjednoczone Emiraty Arabskie

WAGA 3–7 kg

UMASZCZENIE Różne kolory i wzory, w tym pręgowany i dwukolorowy

Arabian Mau został uznany za rasę dopiero w 2008 roku.

Kot australijski mist

„Mgła/mgiełka" (ang. *mist*) nazwa tego krótkowłosego kota pochodzi od rozmycia krawędzi ciemniejszych plamek z jaśniejszym tłem jego delikatnej, lśniącej sierści. Pierwotnie nazywał się spotted mist – od plamek na futerku – ale po zaakceptowaniu umaszczenia marmurkowego jego nazwę zmieniono na australian mist. Spokojny, przyjacielski, inteligentny.

KRAJ Australia

WAGA 3,5–6 kg

UMASZCZENIE Łaciate lub marmurkowe pręgowane, lub w plamki; kolory to brązowy, niebieski, brzoskwiniowy, czekoladowy, liliowy i złoty

Kot australijski mist był pierwszą rasą rodowodową całkowicie wyhodowaną w Australii.

Kot rosyjski niebieski

Wielu uważa, że ta piękna rasa powstała w 1800 roku w okolicach rosyjskiego miasta portowego Archangielsk, niedaleko koła podbiegunowego. Jest znany z pluszowej podwójnej szaty (efekt przystosowania do surowego klimatu) i zielonych oczu; jest pełen wdzięku, elegancki i czuły. Kot rosyjski niebieski stał się w Rosji amuletem przynoszącym szczęście, maskotką marynarzy.

KRAJ Rosja

WAGA 3,5–5 kg

UMASZCZENIE Niebieskoszare w różnych odcieniach ze srebrzystym połyskiem, bo każdy włos ma bezbarwną końcówkę

Kot manks

Kot z wyspy Man, u wybrzeży Wielkiej Brytanii z naturalnie krótkim ogonem. Ta naturalna mutacja (losowa zmiana DNA) w populacji kotów była znana przez co najmniej 200 lat, zanim manx został formalnie uznany za rasę. Dwie odmiany – krótko- i długowłosa zwana Cymric. Miły i przyjacielski.

KRAJ Wielka Brytania

WAGA 3,5–5,5 kg

UMASZCZENIE Wszystkie kolory, odcienie i wzory, w tym pręgowane i szylkretowe

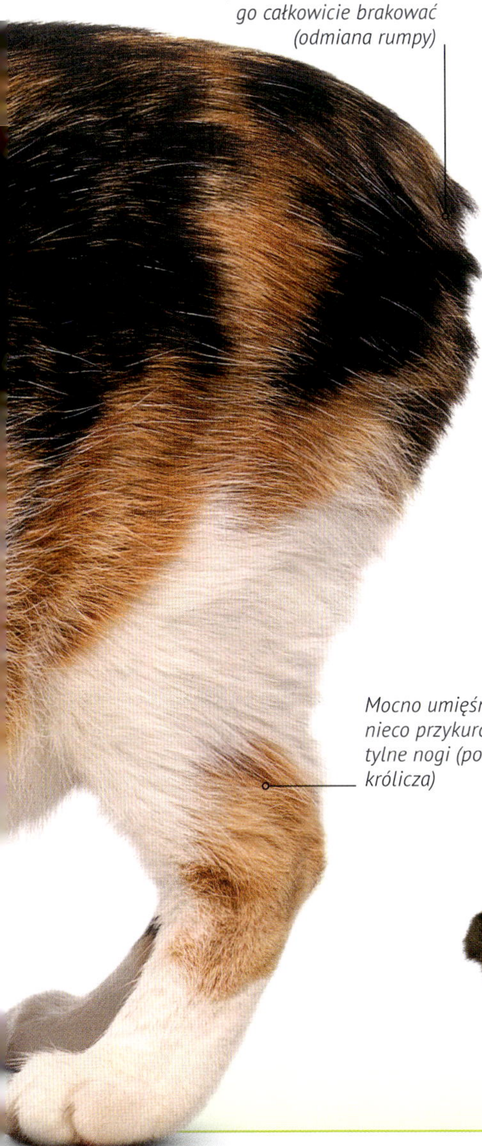

Pixie-bob

Ten kot został wyhodowany w latach 90. XX wieku, aby przypominał z wyglądu amerykańskiego rysia rudego; ma podobne oznaczenia i duże, muskularne ciało, ale krótszy, puchaty ogon. Odmiany: krótko- i długowłosa. Aktywny i towarzyski.

KRAJ USA

WAGA 4–8 kg

UMASZCZENIE Od płowego do rudo-brązowego, zawsze cętkowane

Toy bobtail

Wśród najmniejszych ras kotów na świecie toy bobtail rośnie nie więcej niż przeciętny sześciomiesięczny kotek. Został wyhodowany w latach 80. XX wieku w Rostowie nad Donem, na Ukrainie. Tylne łapy krótsze od przednich (postawa królicza) ze stabilnym korpusem i krótkim ogonkiem.

KRAJ Ukraina

WAGA 2–3 kg

UMASZCZENIE Wszystkie kolory i wzory

Bobtail z Mekongu

Jak wszystkie rasy bobtail, ten z Mekongu, ma niezwykle krótki ogon jak na kota domowego; szatę typu piont, podobnie jak syjamski. Nazwa kota pochodzi od rzeki Mekong, która płynie w Azji Południowo-Wschodniej – ojczyźnie tej rasy.

KRAJ Azja Południowo-Wschodnia

WAGA 3,5–6 kg

UMASZCZENIE Typu point, jak syjamski

Kurylski bobtail

Kurylski bobtail pochodzi z Wysp Kurylskich na Pacyfiku, gdzie zamieszkuje od wieków. Prawie nieznana w pozostałej części świata rasa została uznana w 2012 roku i jest popularna w Rosji kontynentalnej. Gruba warstwa wierzchnia i ochronny podszerstek zapewniają bardzo potrzebne ciepło w zimnym klimacie. Występuje również w wersji długowłosej. Pełen gracji, łagodny, szybko się uczy.

KRAJ Wyspy Kurylskie, Rosja

WAGA 3–4,5 kg

UMASZCZENIE Większość kolorów i odcieni, we wzorach dwukolorowych, szylkretowych i pręgowanych

Japoński bobtail (Maneki Neco)

Ten energiczny kot zawsze szuka pola do zabawy i kontaktu z opiekunem, źle znosi samotność. Dwie odmiany: krótko- i długowłosa. Krótki ogon zakończony puszystym pomponem.

KRAJ Japonia

WAGA 2,5–4 kg

UMASZCZENIE Wszystkie kolory i wzory, w tym pręgowany, szylkretowy i dwukolorowy

Japoński bobtail symbolizuje w Japonii szczęście. Przy wejściach do domów znajdują się figurki Maneki Neko („powitalny kot") z podniesionymi łapkami.

Korat

Korat należy do najstarszych ras kotów domowych. W rodzinnej Tajlandii ten piękny srebrno-niebieski kot jest postrzegany jako przynoszący szczęście, *si-sawat* „szczęśliwy los". Aktywny, ciekawski.

KRAJ Tajlandia

WAGA 2,5–5,5 kg

UMASZCZENIE Tylko niebieskie

Rasa ta pochodzi z regionu Korat w północno-wschodniej Tajlandii.

Kot syjamski szylkretowy

Niezwykły kot syjamski ma teraz wiele różnych wariantów kolorystycznych, między innymi szylkretowe. Większość syjamskich typu szylkretowego to bardzo głośne i ciekawskie, przeważnie kotki, które sprawiają, że ich obecność jest od razu zauważalna. Żywiołowy charakter, nie znoszą samotności.

Smukły, pełen wdzięku kształt ciała

KRAJ Tajlandia (dawny Syjam)

WAGA 2,5–5,5 kg

UMASZCZENIE Typu point – posiada tzw. maskę, czyli ciemniejsze obszary na pyszczku, uszach, łapach i ogonie; reszta mniej lub bardziej jasny kolor zasadniczy

Kot syjamski pręgowany

Kot syjamski z szatą o pręgowanych znaczeniach na bladym bazowym kolorze został wyhodowany na początku XX wieku i wkrótce stał się popularny. Odmiana ta jest również znana jako lynx colourpoint w USA.

Ten kot syjamski ma rudawe, pręgowane znaczenia

KRAJ Tajlandia (dawny Syjam)

WAGA 2,5–5,5 kg

UMASZCZENIE Obok charakterystycznej maski wiele kolorów pręgowanych, w tym czekoladowy, niebieski i rudy, również szylkretowy

Wraz z wiekiem

pyszczek, uszy, nogi i ogon

kociąt syjamskich ciemnieją.

UMASZCZENIE TYPU POINT

Mutacja (losowa zmiana DNA) w białku odpowiedzialnym za barwę włosów powoduje, że kolor rozwija się tylko w chłodniejszych obszarach futra kota syjamskiego. Noworodki są białe lub kremowe, ponieważ utrzymują ciepło, przytulając się do matki. Maska (ciemniejsze obszary na sierści) zaczyna być widoczna w wieku około czterech tygodni, kiedy kocięta stają się bardziej niezależne.

Kot syjamski z umaszczeniem typu self point

Ta odmiana o żywiołowym temperamencie ma kremowe ciało kontrastujące z ciemnobrązowym pyszczkiem, nogami i ogonem, kojarzone z klasycznym syjamem i uważane za najbardziej atrakcyjne. Nazwa pochodzi od królewskich dworów w Syjamie, obecnie Tajlandii, gdzie rasa została wyhodowana wiele wieków temu.

KRAJ Tajlandia

WAGA 2,5–5,5 kg

UMASZCZENIE Wszystkie kolory jednolite z ciemniejszą maską

Kot cejloński

Ta rzadka rasa ma migdałowe żółto-zielone oczy o „rozmarzonym spojrzeniu" i atrakcyjne pręgowanie. Jest kotem przyjaznym i ma przyjemną osobowość. Nazwa pochodzi od jego rodzimego kraju Cejlonu, obecnie zwanego Sri Lanką.

KRAJ Sri Lanka

WAGA 4–7,5 kg

UMASZCZENIE Odcienie piasku do złota z tyckingiem (zabarwieniem końcówki włosa) w różnych kolorach

Khao Manee

Khao Manee oznaczająca biały diament, jest rasą pochodzącą z Tajlandii. Jest znana z podobnych do klejnotów oczu, które mogą być w różnym kolorze. W minionych wiekach ten rzadki kot zamieszkiwał wyłącznie posiadłości królewskie w Tajlandii. Aktywny, towarzyski, inteligentny.

KRAJ Tajlandia

WAGA 2,5–5,5 kg

UMASZCZENIE Czysto białe

Białe koty są opisane w Tamra Maew, czyli starotajlandzkiej *Księdze Poezji o Kocie* z XIV wieku.

Kot burmski, typ amerykański

Koty burmańskie są czasem nazywane „cegłami owiniętymi jedwabiem", ponieważ są mocno umięśnione, a ich futro jest jedwabiście gładkie. Rasa została wyselekcjonowana w USA z kota syjamskiego sprowadzonego z Myanmaru/Rangunu (Birmy). Lojalny, przyjacielski, inteligentny, o cechach psa.

KRAJ Myanmar/USA

WAGA 3,5–6,5 kg

UMASZCZENIE Jednolite i szylkretowe kolory w sepii (stopniowe cieniowanie do ciemnego koloru)

Kot burmski typ europejski

W latach 40. XX wieku europejscy hodowcy opracowali europejską wersję kota burmańskiego z burmańskich kotów amerykańskich importowanych z USA. Główną różnicą między rasami burmańskimi jest głowa kota europejskiego w kształcie klina, która jest wydłużona w stosunku do okrągłej głowy kota typu amerykańskiego. Ten kot uwielbia towarzystwo i potrzebuje dużo miłości.

KRAJ USA/Europa

WAGA 3,5–6,5 kg

UMASZCZENIE Jednolite i szylkretowe, w tym niebieski, brązowy, kremowy, liliowy i rudy w sepii

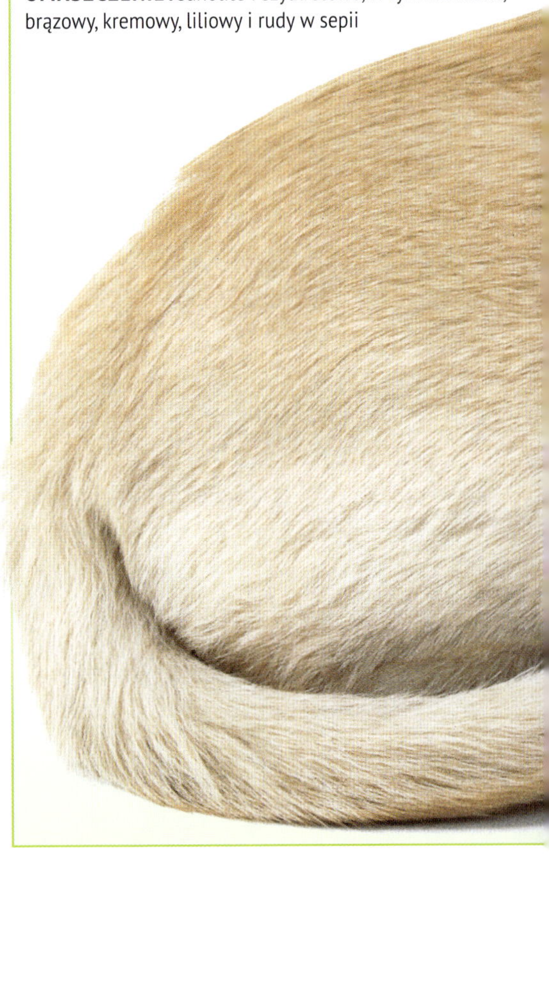

Przodkowie kotów burmskich żyli jako koty świątynne w Birmie już 600 lat temu.

Koty rasy rex

Koty o kędzierzawej/karakułowej sierści są wynikiem spontanicznej naturalnej mutacji, która jest przekazywana poprzez selektywną hodowlę (kojarzenie krewniacze). Chociaż ich sierść wygląda podobnie, każda rasa rex ma swój unikatowy charakter.

CZY WIESZ, ŻE...
WŁOSY
Koty mają do trzech rodzajów włosów tworzących futro. Każdy zapewnia inną ochronę.

Kot cornish rex (kornwalijski rex)

W 1950 roku ta rasa została wyodrębniona po spontanicznej mutacji kota urodzonego w Kornwalii w Wielkiej Brytanii. W miocie cztery kocięta wyglądały zwyczajnie, a piąty był pokryty kędzierzawą krótką sierścią z nietoperzowatymi uszami i smukłą sylwetką. Silny i energiczny, ale ze względu na podwyższoną temperaturę ciała skłonny do przeziębień. Uwielbiają się bawić.

KRAJ Wielka Brytania

WAGA 2,5–4 kg

UMASZCZENIE Wszystkie jednolite i cieniowane kolory i wzory, w tym pręgowany, szylkretowy, colorpoint i dwukolorowy

Kot cornish rex nie ma twardych włosów okrywowych, tylko sam podszerstek, więc jego futro jest miękkie i gładkie jak aksamit.

▲ Włosy puchowe są krótkie, miękkie i delikatne, gęsto przykrywają ciało, tworząc warstwę izolacyjną tzw. podszerstek, aby utrzymać ciepło ciała kota.

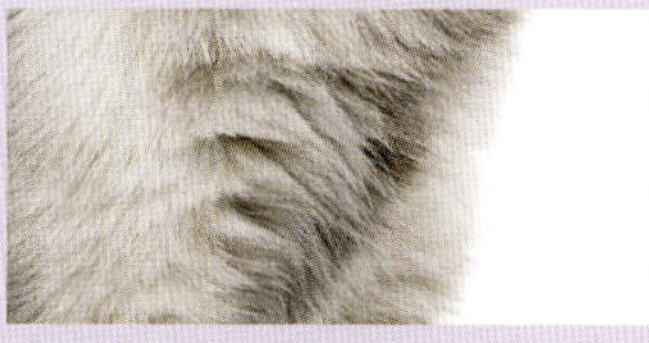

▲ Włosy ościste są sztywne i szczeciniaste, z pogrubionymi końcami, aby zapobiec zranieniu kota.

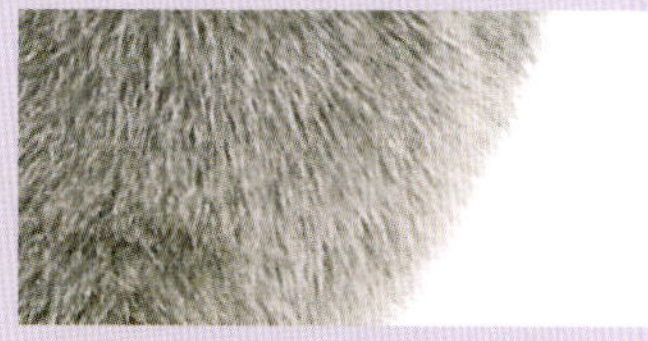

▲ Włosy okrywowe wierzchnie są grube i szorstkie, tworząc wodoodporną górną warstwę, która chroni kota przed wilgocią, niską temperaturą i promieniami słonecznymi.

Devon rex (rex dewoński)

Dziesięć lat po odkryciu kota cornish rex w sąsiednim hrabstwie Devon w Wielkiej Brytanii znaleziono kolejnego kędzierzawego kota. Ta rasa znana jest również jako „pudel kot", ponieważ jej kędzierzawa sierść przypomina okrywę psa pudla. Ma prawdziwy psi charakter, jest radosny i towarzyski.

KRAJ Wielka Brytania

WAGA 2,5–4 kg

UMASZCZENIE Wszystkie kolory, odcienie i wzory

Niemiecki rex

Wśród rzadszych ras rex jest odmiana niemiecka. Charakterystyczną cechą rexa jest brak innych włosów, tylko podszerstek. Sierść o krótkich lokach przypomina owczą wełnę. Spokojny i przyjacielski.

KRAJ Niemcy

WAGA 2,5–4,5 kg

UMASZCZENIE Wszystkie kolory, odcienie i wzory

Skookum

Ta eksperymentalna nowa rasa (od 1990 roku) łączy krótkie nogi munchkina i kręcone futro rasy LaPerm. Nazwa Skookum pochodzi od amerykańsko-indiańskiego słowa oznaczającego „potężny".

KRAJ USA

WAGA 2,5–4 kg

UMASZCZENIE Wszystkie kolory i wzory

LaPerm

Naturalna mutacja (losowa zmiana DNA) u kota hodowlanego spowodowała powstanie niezwykle puszystej rasy LaPerm, która jest znana z doskonałych umiejętności łowieckich. Muskularne ciało kota pokryte jest miękkimi, sprężystymi lokami, nawet wibrysy są faliste/poskręcane. Odmiany: krótko- i długowłosa. Towarzyski i miły.

KRAJ USA

WAGA 3,5–5,5 kg

UMASZCZENIE Wszystkie kolory, odcienie i wzory

Najdłuższe i najbardziej skręcone loki są w grubej kryzie otaczającej szyję

Selkirk rex

Pierwszego kędzierzawego kociaka z owczym futerkiem znaleziono w amerykańskim schronisku dla zwierząt w Bozeman (Montana). Kocięta tej rasy mają futro, które prostuje się na krótko, po czym ponownie zwija się w miarę dorastania. Pełne skręcanie się loków może potrwać do dwóch lat. Odmiany: krótko- i długowłose. Charakterystyczna kryza wokół szyi. Miły, przyjazny, łagodny.

KRAJ USA

WAGA 3–5 kg

UMASZCZENIE Wszystkie kolory, odcienie i wzory

Gruba, wełniana szata pięciomiesięcznego kotka

DŁUGOWŁOSY FUTRZAK
Puszysty maine coon ma długie, grube futro z gęstą kryzą na szyi oraz długi, krzaczasty ogon tworzący pióro. Długie, jedwabiste włosy okrywowe tworzą wodoodporną warstwę, a gęsty puchowy podszerstek wraz z włosami ościstymi utrzymuje ciepłotę ciała.

Puszyste futro kota maine coon składa się

z trzech warstw włosów

Koty długowłose

Pierwsze znane koty o długich włosach żyły wiele wieków temu w Azji Środkowej. Długie włosy u kotów mogły się rozwinąć jako naturalna mutacja (losowa zmiana DNA) utrwalona przez zimny klimat. Takie gęste, puszyste futro wymaga pielęgnacji, aby zapobiegać tworzeniu się kołtunów i utrzymać efektowną szatę.

Maine coon

Masywny maine coon pochodzi z amerykańskiego stanu Maine i jest jedną z najstarszych i największych rodzimych ras kotów Ameryki Północnej. Koty te rozwinęły cechy niezbędne w surowym klimacie: solidną, mocną budowę ciała i gęste futro z bogatą kryzą na szyi i długim puszystym ogonem (otulają się nim podczas snu) chroniące przed zimnem i wilgocią.

KRAJ USA

WAGA 4–7,5 kg

UMASZCZENIE Wyraziste kolory i odcienie, we wzorach szylkretowych, pręgowanych i dwukolorowych

W 2004 roku maine coon o imieniu Little Nicky został pierwszym na świecie kotem sklonowanym komercyjnie.

Ragdoll (ang. „szmaciana lalka")

Pomimo dużych rozmiarów ten niebieskooki kot brany na ręce wiotczeje jak szmaciana lalka, stąd jego nazwa. Kot ma spokojny charakter i uwielbia głaskanie i szczotkowanie jedwabistego, miękkiego futra. Inteligentny, radosny i ciekawski.

KRAJ USA

WAGA 4,5–9 kg

UMASZCZENIE Większość kolorów we wzorach szylkretowych i pręgowanych, ale zawsze ze znaczeniami i dwukolorowe lub mitted (z białymi łapami)

Kot somalijski

Pierwsze somalijskie koty były długowłosymi wersjami rasy abisyńskiej. Bardzo aktywne, o atletycznym ciele i duchu łaknącym przygód, koty lubią wspinać się i eksplorować. Mają przyjazny i serdeczny charakter, bardzo lubią zabawę.

KRAJ USA

WAGA 3,5–5,5 kg

UMASZCZENIE Różne kolory: dziczy, niebieski, płowy, liliowy, czekoladowy, wszystkie w odmianach srebrzystych

Amerykański curl

Amerykański curl zawdzięcza nazwę uszom zabawnie wywiniętym do tyłu. Mawia się o nim „kot Piotrusia Pana", ponieważ jego osobowość kociaka utrzymuje się przez całą dorosłość. Towarzyski, ciekawski, lubi zabawy.

KRAJ USA

WAGA 3–5 kg

UMASZCZENIE Wszystkie kolory i odcienie; także typu point, pręgowane i szylkretowe

York Chocolate

Ta rasa jest nadal stosunkowo rzadka. Jej nazwa pochodzi od amerykańskiego stanu Nowy Jork i czekoladowo-brązowego koloru futra. Większość kotów York Chocolate to kochające kociaki, które uwielbiają głaskanie.

KRAJ USA

WAGA 2,5–5 kg

UMASZCZENIE Jednobarwne: lawenda, czekolada; dwukolorowe: biały i czekoladowy oraz lawendowy i biały (biały kołnierz, łapy, brzuch, pyszczek)

Lśniące długie futro jest jedwabiście miękkie w dotyku

Amerykański bobtail

W latach 60. XX wieku w wyniku skrzyżowania kota dzikiego pręgowanego z krótkim ogonem z kotem typu syjamskiego otrzymano kota podobnego do kotów dziko żyjących z krótkim ogonem. Rasa występuje w dwóch odmianach krótko- i długowłosej. Towarzyskie, przyjazne, aktywne.

KRAJ USA

WAGA 3–7 kg

UMASZCZENIE Wszystkie kolory, odcienie i wzory, w tym pręgowany, szylkretowy

Szkocki zwisłouchy (fold)

Dzięki grubej, ciężkiej, długowłosej sierści ta rasa ma wygląd dzikiego kota, ale z wywiniętymi uszami. Posiada sześć, a nie pięć palców w przednich łapkach, występuje również w odmianie krótkowłosej. To czuły pupil domowy.

KRAJ USA

WAGA 4,5–11 kg

UMASZCZENIE Wszystkie kolory w dowolny wzór pręgowany, w tym point

Kocięta tej rasy rodzą się z prostymi uszami, które wywijają się do tyłu w ciągu pierwszych kilku tygodni życia.

Kinkalow

Ten kot jest wynikiem skrzyżowania amerykańskiego curla z munchkinem w latach 90. XX wieku. Występuje również w wersji krótkowłosej. Pogodny, towarzyski, uczuciowy.

KRAJ USA

WAGA 2,5–4 kg

UMASZCZENIE Wiele kolorów i wzorów, w tym pręgowany i szylkretowy

Kot himalajski

Kot himalajski jest również znany pod nazwą perski colourpoint. Rasa powstała w 1931 roku z połączenia kota perskiego i syjamskiego. Ten silny kot może wyglądać jak pers, ale jest głośniejszy i przyjazny.

KRAJ USA

WAGA 3,5–7 kg

UMASZCZENIE Typu point w różnych kolorach, a także we wzorach szylkretowych i pręgowanych

Ragamuffin

Owłosiony ragamuffin wywodzi się od ragdolla – ma tę samą spokojną naturę, ale jego miękka szata jest w większej gamie kolorów i wzorów. Rodzinny, przyjazny, towarzyski.

Gruba, pluszowa szata wymaga regularnego czesania, aby nie uległa splątaniu

KRAJ USA

WAGA 4,5–9 kg

UMASZCZENIE Każdy kolor i wzór

Kot jawajski

Długowłose balijsko-jawajskie koty zostały wyhodowane przez skrzyżowanie kota balijskiego (długowłosa wersja syjamska) i krótkowłosego orientalnego. Wyróżniają je luksusowe futro i długi, puszysty ogon. Nie dla dzieci, lubią delikatne traktowanie, są inteligentne, towarzyskie.

KRAJ Wielka Brytania

WAGA 2,5–5 kg

UMASZCZENIE Wiele kolorów we wzorach pręgowanych i szylkretowych

Długa, miękka szata jest jedwabista w dotyku

Kot nebelung

Nazwa tej rzadkiej rasy pochodzi z języka niemieckiego „stworzenie z mgły", która nawiązuje do gęstego, jedwabistego futra nebelunga, które wydaje się unosić nad jego ciałem. Ten cichy i delikatny kot kocha rutynę i spokój.

Włosy na wyjątkowo długim ogonie mają srebrne końcówki

KRAJ USA

WAGA 2,5–5 kg

UMASZCZENIE Niebieskie, czasem posrebrzane

Kot balijski

Rasa balijska to długowłosy kot syjamski; powstała na skutek naturalnej mutacji genetycznej w latach 50. XX wieku; ma podobne punktowe znaczenia, ale dłuższe i grubsze futro. Kot wyróżnia się ciemnoniebieskimi oczami w kształcie migdałów. Ma smukłe ciało, delikatne łapy i pełen gracji ruch. Wesoły, zwinny, towarzyski.

KRAJ USA

WAGA 2,5–5 kg

UMASZCZENIE Czekoladowe, niebieskie, liliowe

Elegancki balijczyk wziął swoją nazwę od ruchu pełnego gracji, z jakim poruszają się tradycyjne tancerki na wyspie Bali w Indonezji.

Brytyjski długowłosy

Kot ten, znany również jako lowlander w USA, różni się od brytyjskiego krótkowłosego jedynie długością i grubością sierści. Rozmiar, kształt i kolory ciała pozostają takie same. Domator o spokojnym i przyjacielskim charakterze.

KRAJ Wielka Brytania

WAGA 4–8 kg

UMASZCZENIE Wszystkie tradycyjne i wyraziste kolory; dwukolorowe, pręgowane i szylkretowe

Tiffany

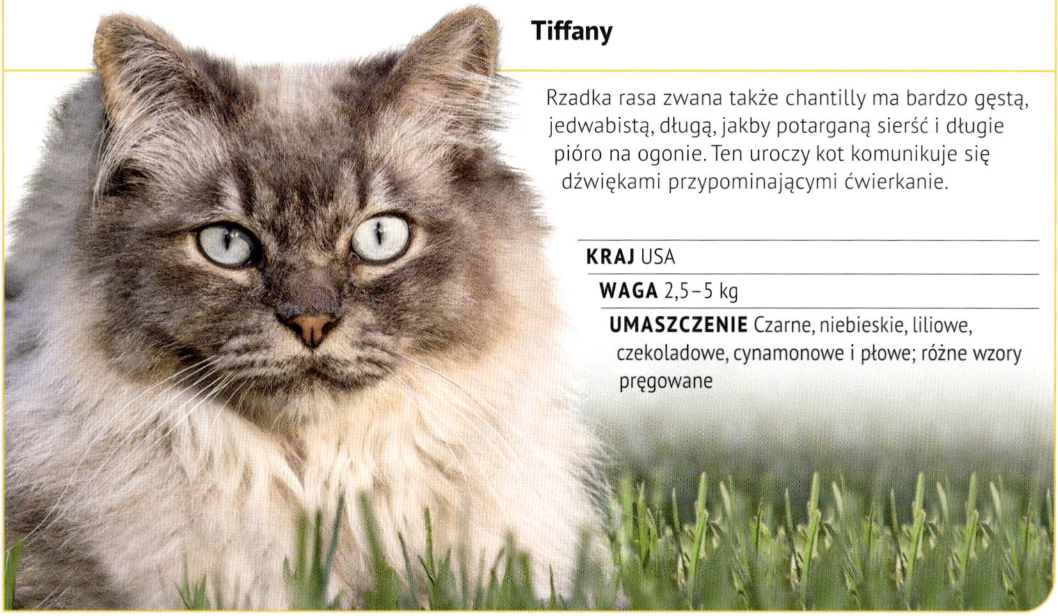

Rzadka rasa zwana także chantilly ma bardzo gęstą, jedwabistą, długą, jakby potarganą sierść i długie pióro na ogonie. Ten uroczy kot komunikuje się dźwiękami przypominającymi ćwierkanie.

KRAJ USA

WAGA 2,5–5 kg

UMASZCZENIE Czarne, niebieskie, liliowe, czekoladowe, cynamonowe i płowe; różne wzory pręgowane

Kot perski dwukolorowy cameo

Pers, znany z płaskiej twarzy i jedwabistego futra, mógł przybyć z Persji (obecnie Iran). Ta odmiana ma jasną sierść z białymi łatami. Kolory różnią się odcieniem w zależności od tego, jak daleko rozciąga się kolor od końcówki włosa. Podszerstek jest biały. Kot przyjazny i spokojny.

KRAJ USA, Australia i Nowa Zelandia

WAGA 3,5–7 kg

UMASZCZENIE Kolory dowolne jednolite z białym, biała kryza wokół szyi

Kot perski cameo

Skrzyżowanie persów dymnych i szylkretowych znane z gęstej szaty o delikatnie mieszanych kolorach. Cameo mają pomarańczowe oczy. Lubią przebywać w domu i spokojnie odpoczywać, niewymagające.

KRAJ USA, Australia i Nowa Zelandia

WAGA 3,5–7 kg

UMASZCZENIE Kolory jednolite, wzory szylkretowe

Kot perski jednokolorowy

Te koty perskie mają jednolity kolor futra, chociaż pierwsze były białe. Niezależne z natury, cieszą się własnym towarzystwem. Przyjacielskie i uczuciowe.

KRAJ Wielka Brytania

WAGA 3,5–7 kg

UMASZCZENIE Białe, czarne, niebieskie, rude, kremowe, czekoladowe i liliowe

Kot perski szynszylowy

Czarne czubki srebrno-białej szaty kota perskiego szynszylowego nadają jego sierści połyskliwy wygląd. Grube futro kota i wełniany podszerstek wymagają regularnego szczotkowania w celu usunięcia kołtunów. Wesoły, ruchliwy.

KRAJ Wielka Brytania

WAGA 3,5–7 kg

UMASZCZENIE Białe z czarnymi końcówkami

Kot perski szynszylowy zdobył sławę, gdy pojawił się w kilku filmach o Jamesie Bondzie.

Koty perskie niebieskie

były ulubioną rasą

królowej Wiktorii

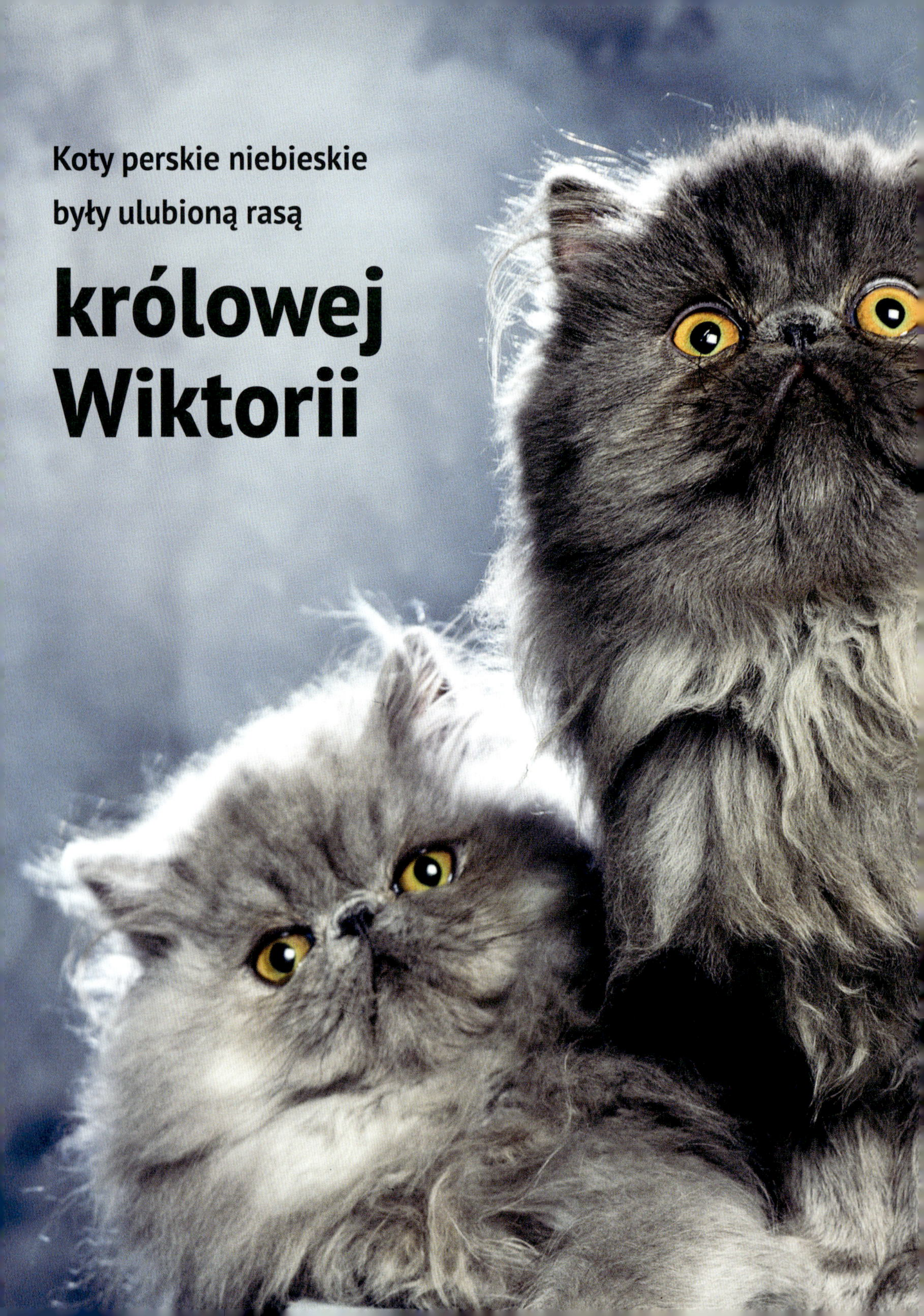

KRÓLEWSKIE ZWIERZĘTA

Koty perskie były niezwykle popularne na dworach królewskich. Królowa Wiktoria w Wielkiej Brytanii i król Ludwik XV we Francji mieli koty perskie. Początkowo umaszczenie kotów perskich było jednobarwne, ale od tego czasu systematyczna praca hodowlana doprowadziła do wielu odmian w różnych kolorach i wzorach.

Kot perski dymny

Rasa pojawiła się w latach 70. XIX wieku. Ich oszałamiająca sierść jest jasna u podstawy i ciemnieje na końcach każdego włosa. Czarnodymne persy są najstarszą odmianą, po której pojawiły się dymne niebieskie i srebrzyste. Miłe i uczuciowe.

KRAJ Wielka Brytania

WAGA 3,5–7 kg

UMASZCZENIE Białe włosy zakończone kolorem, w tym czarnym, niebieskim, kremowym lub rudym oraz we wzorach szylkretowych

Kot perski dymny dwukolorowy

Odmiana dymna, ale ma też białe łaty. Koty z szylkretowymi wzorami mają dwa dymne kolory z białym. Grube futro tego kota musi być codziennie pielęgnowane, aby uniknąć zabrudzenia lub splątania.

KRAJ Wielka Brytania

WAGA 3,5–7 kg

UMASZCZENIE Białe z kolorami dymnymi, w tym wzory szylkretowe

Kot perski dwukolorowy

Z biegiem czasu hodowcy kontynuowali hodowlę kotów perskich o jeszcze dłuższej sierści. Jednymi z pierwszych kotów dwukolorowych były odmiany czarno-białe, nazywane niegdyś „sroczkami". Spokojne i miłe.

KRAJ Wielka Brytania

WAGA 3,5–7 kg

UMASZCZENIE Białe z różnymi kolorami jednolitymi, w tym czarnym, rudym, niebieskim, kremowym, czekoladowym i liliowym oraz z wzorem szylkretowym

Kot perski (srebrny dymny)

Odmiana persa o jasnym futrze z kontrastowymi ciemniejszymi końcówkami. Oczy tego efektownego kota mają kolor od ciemnego oranżu do miedzi. Domator, przywiązany do właściciela.

KRAJ Wielka Brytania

WAGA 3,5–7 kg

UMASZCZENIE Bardzo jasne kolory z czarnym lub niebieskim zakończeniem

Pręgowany srebrny (silver tabby)

Ta wczesna odmiana powstała w XIX wieku. Dwukolorowe srebrne tabby mają widoczne białe obszary na pysku, klatce piersiowej i dolnej części ciała.

KRAJ Wielka Brytania

WAGA 3,5–7 kg

UMASZCZENIE Srebrne pręgowane, szynszylowe, srebrne pręgowane; oba z białymi łatami

Grube, puszyste futro wymaga codziennego czesania

Kot perski szynszylowy srebrny

Lśniące futro tej rasy wyselekcjonowano już około 1800 roku. Szata jest bardzo podobna do perskiej szynszyli, ale ma ciemniejsze i bardziej kontrastujące znaczenia. Jedną z najbardziej uderzających cech są jego jasnoniebiesko-zielone oczy.

KRAJ Wielka Brytania

WAGA 3,5–7 kg

UMASZCZENIE Białe z czarnymi końcówkami

Pokemon o imieniu Persian przypomina wyglądem kota perskiego.

Kot perski szylkretowy i szylkretowy z białym – tortie, tortie z białym

Odmiana rasy perskiej szylkretowej jest bardzo rzadka. Wzór szylkretowy pochodzi od różnego koloru pasm na włosach tworzących długą szatę.

KRAJ Wielka Brytania

WAGA 3,5–7 kg

UMASZCZENIE Kolory szylkretowe, w tym liliowo-kremowe i czekoladowe, również z białymi łatami

Koty perskie nazywane są „meblami z futrem" przez swój leniwy, nieaktywny styl życia.

Odcienie rudego i czarnego futra łączą się w tej szylkretowej szacie

Kot perski złocisty

Pierwsze złotowłose kocięta początkowo zostały zlekceważone, ponieważ urodziły się kotom perskim szynszylowym, a więc miały niewłaściwy kolor. Od tego czasu bogate, złociste futro rasy zyskało powszechną aprobatę.

KRAJ Wielka Brytania

WAGA 3,5–7 kg

UMASZCZENIE Morelowe do złotego, z czarnymi lub brązowymi końcami

Kot perski pręgowany i pręgowany szylkretowy

Koty pręgowane to ekstrawertycy rasy perskiej, wykazujący wiele osobowości. Chętne do zabawy oraz bardziej aktywne niż inne odmiany perskie. Znaczenia pręgowane szylkretowe znajdują się na dwukolorowej szacie.

KRAJ Wielka Brytania

WAGA 3,5–7 kg

UMASZCZENIE Wiele kolorów ze srebrnymi końcówkami w pręgowane i szylkretowe wzory

Norweski leśny (Norwegian forest cat)

Po II wojnie światowej skandynawski skogkatt został ogłoszony oficjalnym kotem Norwegii i przemianowany na norweskiego kota leśnego.

Ten puszysty kot ma grube futro, które pomaga mu wytrzymać surowe warunki i ujemne temperatury Skandynawii. Gruba wierzchnia warstwa chroni przed wilgocią, a wełnisty podszerstek zapewnia ciepło. Towarzyski, łagodny, niekonfliktowy.

KRAJ Norwegia

WAGA 3–9 kg

UMASZCZENIE Większość jednolitych kolorów, odcieni i wzorów

Kot Afrodyty (cypryjski)

Góry Cypru były mitologicznym domem Afrodyty, stąd nazwa pochodzącej stamtąd najstarszej w Europie rasy kotów. Samce są znacznie większe niż samice. Ta długonoga rasa jest zdolnym wspinaczem, z grubą sierścią. Może występować w odmianie długo- lub krótkowłosej. Łagodny, towarzyski i ufny.

KRAJ Cypr

WAGA 4,5–8 kg

UMASZCZENIE Jednobarwne kolory; dwukolorowy z nieregularnymi białymi znaczeniami

Kot orientalny długowłosy

Rasa ta pierwotnie nosiła nazwę angielskiej angory. Została opracowana w 1960 roku jako długowłosa wersja orientalnego krótkowłosego, a swoją obecną nazwę zyskała w 2002 roku. Elegancka szata leży płasko na ciele, ponieważ nie ma wełnianego podszerstka.

KRAJ Wielka Brytania

WAGA 2,5–5 kg

UMASZCZENIE Wiele kolorów jednolitych, dymnych i cieniowanych; wzory szylkretowe, pręgowane i dwukolorowe

Turecki van

Przodkowie tego kota zostali nazwani na cześć jeziora Van w Turcji, w którym łowiły ryby. Biały kot z kolorowym ogonem (dotknięty przez Allacha). Ta figlarna rasa lubi zabawy w wodzie, a niektóre koty są dobrymi pływakami. Towarzyski, serdeczny, gadatliwy.

KRAJ Wielka Brytania/ /Turcja

WAGA 3–8,5 kg

UMASZCZENIE Białe z ciemniejszymi kolorami na głowie (dwie barwne plamy przedzielone białą strzałką)

Turecki vankedisi

Ma śnieżnobiałą szatę, a różni się od tureckiego vana tylko brakiem ciemniejszych kolorów na głowie i ogonie. Jak wszystkie białe koty, może mieć oczy w różnych kolorach. Uważany za rzadką rasę na całym świecie, jest szczególnie ceniony w swoim rodzinnym kraju, Turcji. Psotny i wesoły.

KRAJ Wschodnia Turcja

WAGA 3–8,5 kg

UMASZCZENIE Tylko czysta biel

Kot syberyjski (Siberian cat)

Ten rosły kot został wyhodowany, aby przetrwać trudny rosyjski klimat. Chociaż wciąż rzadki, kot z lasu syberyjskiego zyskuje popularność dzięki pięknemu wyglądowi i miłej osobowości. Kot może potrzebować pięciu lub więcej lat, aby w pełni dorosnąć. Uwielbia ludzi, wesoły, ciekawski.

KRAJ Rosja

WAGA 4,5–9 kg

UMASZCZENIE Wszystkie kolory i wzory

Angora turecka

Rasa o jedwabistej, połyskującej sierści jest uważana za jedną z najpiękniejszych ze wszystkich długowłosych kotów. Ten zwinny wspinacz uwielbia zabawę i pluskanie w wodzie. Przyjazny, wesoły, energiczny. Często krzyżowany z persami i innymi długowłosymi kotami w celu doskonalenia tych ras.

KRAJ Turcja

WAGA 2,5–5 kg

UMASZCZENIE Tradycyjnie białe; teraz wiele jednolitych kolorów i wzorów

Ten kochany kot często widnieje na znaczkach pocztowych i reklamach w Turcji.

RÓŻNE KOLORY

Heterochromia to zaburzenie rozwoju oka, w którym każda tęczówka ma inny kolor – różnobarwność tęczówek lub różnobarwność w obrębie jednego oka (*heterochromia iridis*). Najczęściej występuje u kotów biało umaszczonych lub z dominacją białej barwy sierści. Gen zmniejsza ilość pigmentu melaniny docierającego do tęczówki jednego oka kota, zaburzając jego kolor i powodując heterochromię.

Koty z heterochromią (różnobarwnością tęczówek)
zawsze mają
jedno oko niebieskie,
a drugie może być zielone, żółte lub brązowe

Koty bezwłose

Brak włosów u kotów jest naturalną mutacją genetyczną. Bezwłosy kotek urodzony w 1966 roku w Toronto w Kanadzie został użyty do stworzenia rasy bezwłosego kota zwanego sfinksem. Chociaż koty te wydają się bezwłose, większość jest pokryta cienką warstwą futra. Bezwłose koty są najczęściej trzymane w pomieszczeniach, aby chronić ich skórę przed zbytnim nasłonecznieniem lub zimnem.

Sfinks

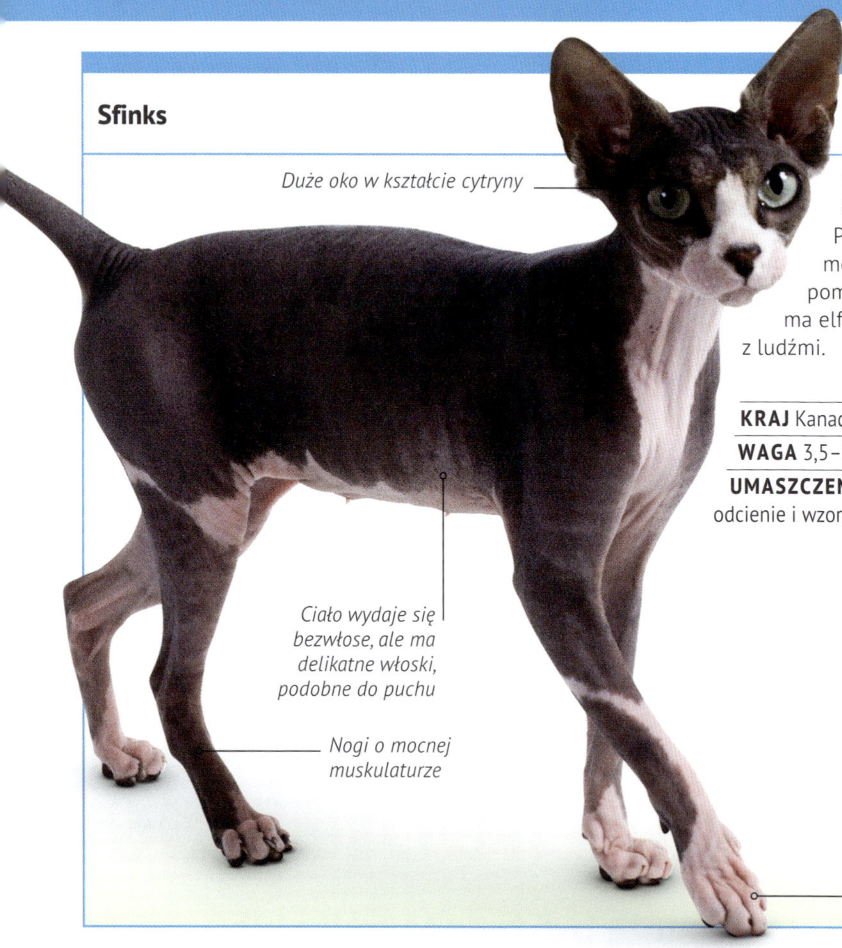

Pierwszym wyhodowanym bezwłosym kotem był sfinks. Pokryty jest bardzo delikatnym meszkiem, a skóra jest pomarszczona. Ta energiczna rasa ma elfią twarz i uwielbia przebywać z ludźmi.

KRAJ Kanada

WAGA 3,5–7 kg

UMASZCZENIE Wszystkie kolory, odcienie i wzory

Bambino

Skrzyżowanie bezwłosego sfinksa z krótkonogim munchkinem zaowocowało rasą bambino, oznaczającą „wieczne dziecko". Ta nazwa pasuje do krótkonogiej i łagodnej rasy, pokrytej niemal niewidocznym puszkiem. To rasa młoda, eksperymentalna i jeszcze nie uznawana przez kluby.

KRAJ USA

WAGA 2–4 kg

UMASZCZENIE Wszystkie kolory, odcienie i wzory

Kot elfi

Ta nowa rzadka rasa (jeszcze nieuznana przez związki fenologiczne) przypominająca elfa Legolasa lub Zgredka, została wyhodowana w XXI wieku przez skrzyżowanie sfinksa i amerykańskiego curla. Kot elfi jest prawie bezwłosy, a uszy ma wywinięte na zewnątrz. Mięciutka, mocno pofałdowana skóra może być pokryta delikatnym puszkiem na łapach, ogonie, uszach i nosie. Aktywny i towarzyski.

KRAJ USA

WAGA 3,5–7 kg

UMASZCZENIE Wszystkie kolory, odcienie i wzory

Kot ukrainian levkoy (od nazwy rośliny)

Ta rzadka, jeszcze nieuznana i niezwykła rasa jest rozpoznawana dzięki uszom, które składają się do wewnątrz, owalne oczy i rzadkie włosy na skórze. Wyrazisty wygląd rasy eksperymentalnej uzyskano krzyżując koty szkockie zwisłouche, które mają uszy złożone do przodu, z bezwłosymi sfinksami dońskimi. Aktywny i przyjacielski.

KRAJ Ukraina

WAGA 3–7 kg

UMASZCZENIE Preferowane bezwłose; wszystkie kolory i wzory

Peterbald (sfinks peterburski)

Ten wyjątkowy kot został wyhodowany w latach 90. XX wieku w Sankt Petersburgu (stąd nazwa) przez skrzyżowanie krótkowłosej orientalnej kotki z bezwłosym sfinksem dońskim. Warstwa krótkich, cienkich włosów oznacza, że ta rasa nie jest całkowicie bezwłosa.

Lojalny jak pies, delikatny jak kot.

KRAJ Rosja

WAGA 3,5–7 kg

UMASZCZENIE Wszystkie kolory, odcienie i wzory

Doński sfinks

Ta rasa została wyhodowana z prawie bezwłosego kota odkrytego w rosyjskim mieście Rostów nad Donem w 1987 roku (stąd nazwa). Przyjazny, wesoły, łagodny.

KRAJ Rosja

WAGA 3,5–7 kg

UMASZCZENIE Wszystkie kolory, odcienie i wzory

Kocie hybrydy

Skrzyżowanie kota domowego z dzikim daje hybrydę, która wykazuje wiele cech dzikich przodków: znaczy teren, bywa agresywna, nie toleruje zamknięcia. Może minąć wiele lat hodowli selektywnej, zanim taka hybryda będzie sprzedawana jako zwierzę domowe.

CZY WIESZ, ŻE...

DZICY RODZICE

Koty hybrydowe to połączenie kota domowego i dzikiego.

Kot chausie (czytaj: czausi)

Chausie został wyhodowany z kotów domowych krzyżowanych z azjatyckim dzikim kotem błotnym. Późniejsze pokolenia krzyżowano z wybranymi kotami domowymi, zwłaszcza abisyńczykami, aby otrzymać rasę kota, którego widzimy dzisiaj. Towarzyski, przyjazny, aktywny, nie nadaje się dla dzieci.

KRAJ USA

WAGA 5,5–10 kg

UMASZCZENIE Czarne jednolite, złocisto-brązowe, srebrzysto-czarne ze znaczeniami tabby

Kot bengalski

Popularny bengal oddaje piękno i oszałamiające wzory swojego dzikiego przodka. Ta rasa jest naturalnie czujna i wielce energiczna, z pasją do odkrywania. Łagodny i przyjazny, mocno terytorialny.

KRAJ USA

WAGA 5,5–10 kg

UMASZCZENIE Brązowe, sepia i kolory śniegu, w klasyczne wzory pręgowane i marmurkowe

▲ Dziki azjatycki kot błotny został skrzyżowany z kotem domowym w celu uzyskania rasy chausie.

▲ Kotek bengalski (azjatycki lampart) był rodzicem mieszańca, który doprowadził do powstania rasy bengalskiej.

▲ Ze skrzyżowania pochodzącego z Afryki serwala z kotem domowym uzyskano rasę savannah.

Savannah

Najwyższą rasą domową jest savannah, która odziedziczyła długie nogi, duże uszy i cętkowaną szatę afrykańskiego serwala. Z natury odważny, ten kot jest utalentowanym wspinaczem i szybkim biegaczem. Kot jednego właściciela, zachwyca skocznością.

KRAJ USA

WAGA 5,5–10 kg

UMASZCZENIE Brązowo pręgowane, czarno-srebrno pręgowane, czarne lub czarne dymne

Kot bengalski jest jedyną rasą domową o wzorze cętek w kształcie

rozetek na sierści

DZIKIE UMASZCZENIE

Kot bengalski został wyhodowany przez krzyżowanie ras domowych z dzikim kotkiem bengalskim zwanym lampartem azjatyckim, po którym odziedziczył piękny wzór cętek w kształcie rozetek. Jego znaczenia wyglądają jak maskujące barwy kotów na wolności, a sierść błyszczy, dając efekt występujący tylko u tej rasy.

Dzikie koty

Od znanych na całym świecie dużych kotów po mniej znane małe, dzikie koty żyją w wielu różnych naturalnych siedliskach. Wszystkie muszą polować na zdobycz, bronić swoich terytoriów i przetrwać wiele wyzwań życia na wolności.

KAMUFLUJĄCE UMASZCZENIE
Różnorodność kolorów i wzorów sierści pomaga dzikim kotom wtopić się – maskować w otoczeniu. Ta lwica jest niezauważalna wśród traw sawanny.

Dzikie koty

Istnieje 41 gatunków dzikich kotów. Spośród nich siedem jest dobrze znanych, w tym lew i tygrys, ale istnieje wiele bliżej nieznanych małych dzikich kotów. Największym dzikim kotem jest tygrys syberyjski, podgatunek tygrysa azjatyckiego, który waży do 300 kg, a najmniejszym kotek rudy. Samce tego gatunku ważą zaledwie 1,6 kg.

Systematyka

Dzikie koty są podzielone na dwie podrodziny: wielkie koty *Pantherinae* i małe koty *Felinae*, która obejmuje małe dzikie koty i kota domowego. Wielkie koty żyją w Afryce, Azji, Ameryce Środkowej i Południowej, małe dzikie koty występują także w Ameryce Północnej i Europie. Podczas gdy niektóre wielkie koty są w stanie ryczeć, wszystkie małe koty mruczą.

Gepard należy do małych kotów

Sprytny kamuflaż

Dzikie koty starają się pozostać w ukryciu, czekając na potencjalną ofiarę. Ich futro pomaga się maskować, pozwalając skryć się w otoczeniu. Futro może być w paski, cętki lub przybierać barwę piasku, w zależności od zamieszkiwanego siedliska – czy to gęstych lasów, stepów, piaszczystych pustyń, czy zaśnieżonych gór.

Irbis śnieżny w swoim środowisku

Wspólne nawyki

Dzikie i domowe koty zachowują się w podobny sposób – są bardziej aktywne wieczorem i gdy są młode, uczą się umiejętności przetrwania poprzez zabawę. Główną różnicą jest to, że dzikie koty muszą polować na jedzenie, aby przeżyć, podczas gdy koty domowe są karmione i pielęgnowane przez ludzi.

Tygrysie młode podczas zabawy

Małe dzikie koty

Większość dzikich kotów na całym świecie to małe koty. Istnieją 34 gatunki małych kotów, które żyją w różnych siedliskach. Od barw zapewniających kamuflaż po muskularną budowę ciała i styl życia są doskonale przystosowane do przetrwania w swoim środowisku.

Serwal sawannowy

Leptailurus serval

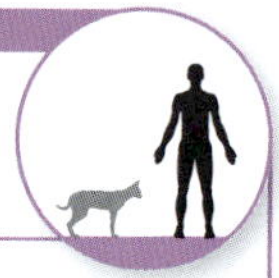

W swojej ojczyźnie na trawiastych równinach afrykańskiej sawanny długonogi serwal może biegać z dużą prędkością, by polować na zdobycz. Dorosłe serwale mogą skakać na wysokość do 3 m, aby chwytać ptaki i owady w powietrzu. To doskonali myśliwi.

WYSTĘPOWANIE Łąki i tereny podmokłe; Afryka Subsaharyjska

DŁUGOŚĆ CIAŁA/WAGA 59–92 cm/7–18 kg

KATEGORIA ZAGROŻENIA Gatunek najmniejszej troski LC

Karakal stepowy

Caracal caracal

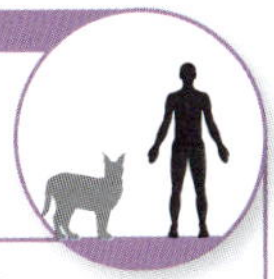

Ten kot ma duże, czarne z tyłu, uszy z pędzelkami długości do 4,5 cm. Jego ogon jest stosunkowo krótki, sięga jedynie do stawu skokowego (stawy w tylnych nogach skierowane do tyłu). Nazwa karakala pochodzi od tureckiego słowa „karakulak", co oznacza „czarne ucho". Zwinny, szybki, skoczny.

WYSTĘPOWANIE Suche sawanny, stepy, krzaczaste zarośla, tereny półpustynne; Afryka i południowa Azja

DŁUGOŚĆ CIAŁA/WAGA 61–105 cm/8–18 kg

KATEGORIA ZAGROŻENIA Gatunek najmniejszej troski LC

DOSKONAŁY SŁUCH
Ogromne uszy serwala osadzone są na małej głowie. Ich rozmiar odzwierciedla silny zmysł słuchu tego kota. Serwale słyszą wysokie dźwięki gryzoni, a także odgłosy, które wydają, gdy biegną w wysokiej trawie. Używają słuchu do wykrycia dokładnej pozycji ofiary przed rzuceniem się na nią.

Ze wszystkich dzikich kotów serwal ma

największe uszy

proporcjonalnie do rozmiarów swojego ciała

Ocelot wielki

Leopardus pardalis

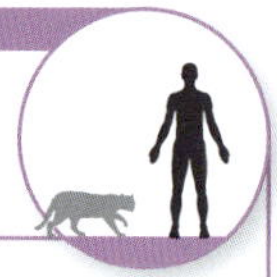

Ten mały, prowadzący samotny tryb życia kot żywi się gryzoniami. Podczas polowania wykorzystuje świetny węch i słuch. Chociaż oceloty żyją i polują na ziemi, są również dobrymi pływakami i w razie potrzeby sprawnie się wspinają. Ze względu na ich atrakcyjne, przepiękne i jedwabiste futro stały się obiektem żywego zainteresowania myśliwych, tym samym ich populacja jest zagrożona.

WYSTĘPOWANIE Las tropikalny i podzwrotnikowy oraz leśne zarośla Ameryka Północna, Środkowa i Południowa

DŁUGOŚĆ CIAŁA/WAGA 72–101 cm/7–16 kg

KATEGORIA ZAGROŻENIA Gatunek najmniejszej troski LC

Większe przednie łapy ułatwiają wspinanie się na drzewa

Ocelot nadrzewny (margaj)

Leopardus wiedii

Margaj, niewielki ocelot, żyje w lasach tropikalnych obfitujących w zwierzynę będącą celem jego polowań. Większość jego ofiar to małe ssaki żyjące na drzewach. Długie nogi i ogon pomagają mu z łatwością wspinać się i utrzymywać równowagę na drzewach. Ogromne oczy i zdolność naśladowania dźwięków ułatwiają polowanie.

WYSTĘPOWANIE Las tropikalny; Ameryka Środkowa i Południowa

DŁUGOŚĆ CIAŁA/WAGA 42–79 cm/3–9 kg

KATEGORIA ZAGROŻENIA Gatunek bliski zagrożenia NT

Margaj, dzięki budowie stawów, które mogą się obracać o 180 stopni, może z łatwością zejść z drzewa głową skierowaną w dół.

Ocelot argentyński

Leopardus geoffroyi

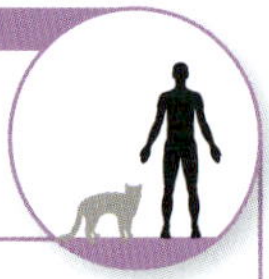

Ten malutki kot śpi na drzewach w dzień, a nocą poluje na małe ssaki i ptaki. Jego naukowa nazwa pochodzi od nazwiska XIX-wiecznego francuskiego odkrywcy Étienne Geoffroy Saint-Hilaire. Dobrze się wspina, dobrze pływa.

WYSTĘPOWANIE Suche zarośla i lasy, użytki zielone i bagna; Ameryka Środkowa i Południowa

DŁUGOŚĆ CIAŁA/WAGA
43–88 cm/3–5 kg

KATEGORIA ZAGROŻENIA
Gatunek najmniejszej troski LC

Wzorzyste umaszczenie maskuje kota w gęstych koronach drzew i zaroślach

Ocelot tygrysi (*oncilla*)

Leopardus tigrinus

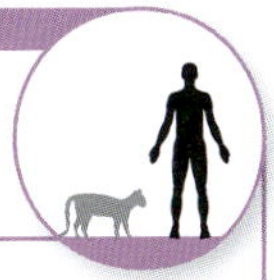

Oncilla jest rzadkim gatunkiem. Ten utalentowany łowca śledzi, tropi zdobycz na dnie lasu, zanim zaatakuje. Jest dobrym wspinaczem, prowadzi samotny, nocny tryb życia (aktywny głównie nocą).

WYSTĘPOWANIE Lasy i krzewy; Ameryka Środkowa i Południowa

DŁUGOŚĆ CIAŁA/WAGA 38–57 cm/2–3 kg

KATEGORIA ZAGROŻENIA Gatunek narażony na wyginięcie (wysokiego ryzyka) VU

Mormi złocisty

Catopuma temminckii

Ten potężny kot ma jednolity kolor – brązowy, czarno-szary i odcienie pomiędzy, ale koty występujące w częściach Chin mogą mieć plamy i paski. Żywią się: dużymi gryzoniami, płazami, gadami, owadami, ptakami.

WYSTĘPOWANIE Lasy tropikalne i podzwrotnikowe, obszary trawiaste i otwarte obszary skaliste; Chiny i południowo-wschodnia Azja

DŁUGOŚĆ CIAŁA/WAGA
66–105 cm/7–16 kg

KATEGORIA ZAGROŻENIA
Gatunek bliski zagrożenia NT

Lamparcik marmurkowy

Pardofelis marmorata

Lamparcik marmurkowy przypomina mniejszą wersję pantery mglistej z podobnymi znaczeniami. Kot ten używa długiego (tak długi jak reszta ciała), puszystego ogona i szerokich stóp do wspinania się i balansowania na drzewach podczas polowania na ptaki, wiewiórki, szczury i żaby.

WYSTĘPOWANIE Lasy tropikalne; Indie, południowo-zachodnie Chiny, Malezja i Indonezja

DŁUGOŚĆ CIAŁA/WAGA 45–62 cm/2–5 kg

KATEGORIA ZAGROŻENIA Gatunek bliski zagrożenia NT

Lamparcika marmurkowego bardzo trudno spotkać w środowisku naturalnym, ponieważ żyje w terenach niedostępnych i jest aktywny w nocy.

Nieregularny wzór czarnych pasków i plam na głowie

Ryś kanadyjski

Lynx canadensis

Ryś kanadyjski ma na uszach wyraźne długie pędzelki. Zimą jego duże, puszyste stopy zachowują się, jak rakiety śnieżne i zapewniają przyczepność na oblodzonym terenie. Żywi się głównie zającami amerykańskimi.

WYSTĘPOWANIE Lasy i krzewy (tajga); Kanada i USA

DŁUGOŚĆ CIAŁA/WAGA
76–106 cm/5–17,3 kg

KATEGORIA ZAGROŻENIA Gatunek najmniejszej troski LC

Ryś rudy

Lynx rufus

Ten dziki kot jest rysiem, ale z krótszymi pędzelkami na uszach. Żyje na dużych wysokościach w skalistych górach i ma cętkowane futro, które zapewnia mu doskonały kamuflaż.

WYSTĘPOWANIE Lasy, zarośla i półpustynie; Kanada, USA i Meksyk

DŁUGOŚĆ CIAŁA/WAGA
65–105 cm/ 7–14 kg

KATEGORIA ZAGROŻENIA Gatunek najmniejszej troski LC

Ryś iberyjski

Lynx pardinus

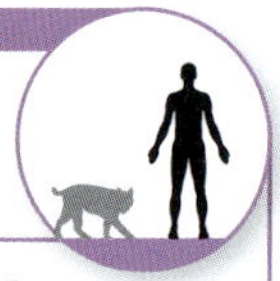

Domem rysia iberyjskiego jest półwysep iberyjski w południowo-zachodniej Europie. Ma puszystą kryzę, uszy zakończone pędzelkiem i ogon z czarną końcówką. Żywi się przede wszystkim królikami.

WYSTĘPOWANIE
Otwarty las i krzaczaste zarośla makii; Hiszpania

DŁUGOŚĆ CIAŁA/WAGA
68–82 cm/7–14 kg

KATEGORIA ZAGROŻENIA
Gatunek zagrożony EN

Ryś euroazjatycki

Lynx lynx

Ten kot jest największym z rysi. Żywi się głównie małymi, kopytnymi ssakami, a nie królikami i zającami, tak jak robią to inne rysie. Jest trzecim największym drapieżnikiem w Europie, po niedźwiedziu brunatnym i wilku. W Polsce jest gatunkiem rzadkim i chronionym.

WYSTĘPOWANIE Lasy; Europa i Azja

DŁUGOŚĆ CIAŁA/WAGA 80–110 cm/12–35 kg

KATEGORIA ZAGROŻENIA Gatunek najmniejszej troski LC

Puma płowa (kuguar)

Puma concolor

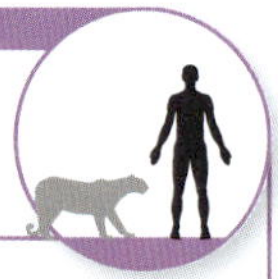

Największym z małych dzikich kotów jest potężna puma. Ten doświadczony wspinacz pokonuje duże odległości, by polować na zdobycz. Może wydawać różne dźwięki, ale nie może ryczeć. Znana pod wieloma nazwami, w tym: puma, czerwony tygrys i lew górski. Pożywienie pumy stanowią małe ssaki.

WYSTĘPOWANIE Lasy, góry, pustynie i łąki; Ameryka Północna, Środkowa i Południowa

DŁUGOŚĆ CIAŁA/WAGA 86–155 cm/35–75 kg

KATEGORIA ZAGROŻENIA Gatunek najmniejszej troski LC

Dla Inków z Ameryki Południowej puma była symbolem odwagi i siły.

Jaguarundi amerykański

Herpailurus yagouaroundi

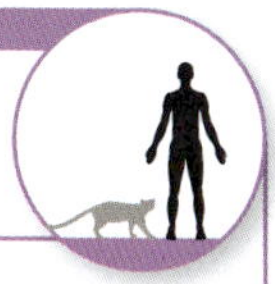

Ten mały dziki kot jest również nazywany „kotem wydrą", ponieważ jego smukłe ciało, płaska głowa i długi ogon przypominają wydrę. Występuje w kolorach rudo-brązowym i szarego żelaza. Jaguarundi poluje głównie na ziemi, a także łowi ryby w płytkich zbiornikach.

WYSTĘPOWANIE Lasy i użytki zielone; Ameryka Środkowa i Południowa

DŁUGOŚĆ CIAŁA/WAGA 49–83 cm/3–9 kg

KATEGORIA ZAGROŻENIA Gatunek najmniejszej troski LC

Gepard grzywiasty

Acinonyx jubatus

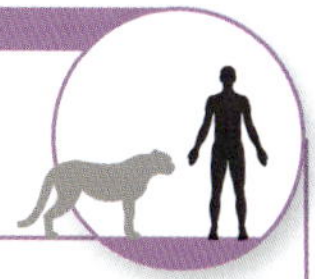

Elastyczne kości grzbietu i długie nogi sprawiają, że gepard jest najszybszym zwierzęciem lądowym na Ziemi. Śledzi zdobycz (małe ssaki do 40 kg), zbliżając się tak blisko, jak to możliwe, aby po krótkim pościgu ją złapać. Nie potrafi chować pazurów (nieruchomy pazur).

WYSTĘPOWANIE Półpustynie, sawanny; Afryka i Iran

DŁUGOŚĆ CIAŁA/WAGA 1,2–1,45 m/30–65 kg

KATEGORIA ZAGROŻENIA Gatunek narażony na wyginięcie (wysokiego ryzyka) VU

LEKCJA ŻYCIA

Młode gepardy pozostają z matką przez pierwsze 18 miesięcy, kiedy to następuje okres szybkiego wzrostu, podczas którego młode uczą się podstawowych umiejętności przetrwania. Matka może złapać małą zdobycz, na przykład młodą gazelę, i zostawić ją młodym, aby nauczyły się zabijania.

Gepardy uczą się polować,
obserwując
i kopiując
zachowanie swojej matki

Manul stepowy

Otocolobus manul

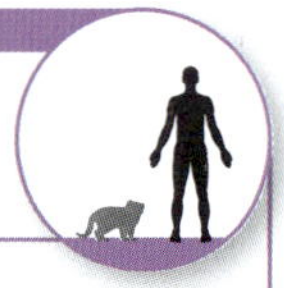

Ten dziki kot zamieszkuje zimne i odległe, górzyste regiony Azji. Posiada najdłuższe i najgrubsze futro wśród kotowatych. Małe okrągłe uszy po bokach głowy to także, oprócz futra, adaptacje, dzięki którym kot może przetrwać w niskich temperaturach i trudnym terenie. Krępa budowa ciała, okrągłe źrenice, bardzo ekspresyjny.

WYSTĘPOWANIE Obszary trawiaste i skaliste półpustynne; środkowa Azja

DŁUGOŚĆ CIAŁA/WAGA 46–65 cm/2,5–4,5 kg

KATEGORIA ZAGROŻENIA Gatunek bliski zagrożenia LC

Niemiecki przyrodnik Peter Simon Pallas po raz pierwszy opisał tego dzikiego kota w 1776 roku i nadał mu łacińskie imię „brzydki uszatek".

Kotek bengalski

Prionailurus bengalensis

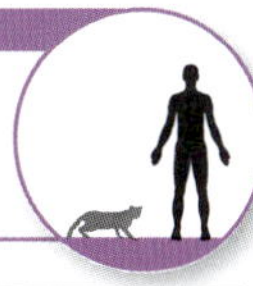

Najczęściej występującym dzikim kotem w południowej Azji jest kotek bengalski. Dzięki dobrze wykształconym błonom między palcami doskonale pływa. Łowi i je żaby i kraby, a także wiele innych zwierząt, takich jak gryzonie, jaszczurki, ptaki i owady.

WYSTĘPOWANIE Lasy, stepy, półpustynie; Azja

DŁUGOŚĆ CIAŁA/WAGA 45–75 cm/0,55–3,8 kg

KATEGORIA ZAGROŻENIA Gatunek najmniejszej troski LC

Kotek kusy

Prionailurus planiceps

Kot o długiej płaskiej głowie i białawym futrze, które tworzy połyskującą srebrną szatę. Preferuje życie nad rzekami i mokradłami, poluje na ryby, żywi się również płazami, skorupiakami i małymi ssakami oraz, co niezwykłe, owocami. Nie chowa pazurów.

WYSTĘPOWANIE Tereny podmokłe; Tajlandia, Malezja, Sumatra i Borneo

DŁUGOŚĆ CIAŁA/WAGA 45–52 cm/1,5–2,5 kg

KATEGORIA ZAGROŻENIA Gatunek zagrożony EN

Kotek cętkowany (taraj)

Prionailurus viverrinus

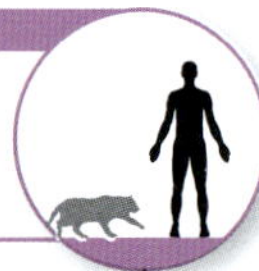

Taraj preferuje środowiska wilgotne. Zanurza się w wodzie i pływa, co ułatwia mu błona pławna między palcami, a ogona używa jako steru. Żywi się rybami i wężami z rzek i mokradeł namorzynowych.

WYSTĘPOWANIE Tereny podmokłe; Azja

DŁUGOŚĆ CIAŁA/WAGA 57–115 cm/ /8–15 kg

KATEGORIA ZAGROŻENIA Gatunek narażony na wyginięcie VU

Kot błotny

Felis chaus

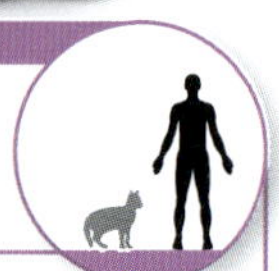

Kot ten żyje głównie na łąkach i bagnach, jest aktywny w nocy, ale także o świcie i zmierzchu. Nieźle pływa i nurkuje.

WYSTĘPOWANIE Mokradła i trawiaste zarośla; Azja Środkowa i Południowo-Wschodnia

DŁUGOŚĆ CIAŁA/WAGA 61–85 cm/5,7–12 kg

KATEGORIA ZAGROŻENIA Gatunek najmniejszej troski LC

Kot czarnołapy

Felis nigripes

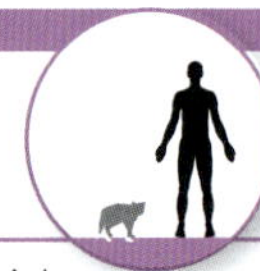

Chociaż jest to najmniejszy z afrykańskich dzikich kotów, to zaciekły łowca. Zabija każdej nocy od 10 do 14 małych ptaków, gryzoni, gadów. Czarnołapy kot nosi nazwę od czarnego podszycia łapek.

WYSTĘPOWANIE Regiony trawiaste i półsuche; Afryka Południowa

DŁUGOŚĆ CIAŁA/WAGA 36-52 cm/1,3–2,45 kg

KATEGORIA ZAGROŻENIA Gatunek narażony na wyginięcie VU

Kot pustynny (arabski)

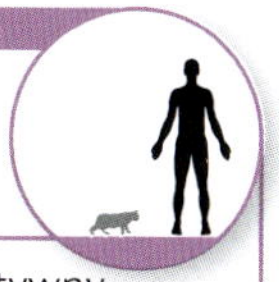

Felis margarita

Rzadko się go widuje, ponieważ jest aktywny w nocy. W upalne dni śpi w wykopanych norach, ale lubi też odpoczywać w zaroślach. Żyje w bardzo suchym środowisku, więc całą wodę czerpie z pożywienia. Długie i ciemne włoski na podeszwie chronią jego łapy przed poparzeniem.

WYSTĘPOWANIE Tereny pustynne; Afryka i Azja

DŁUGOŚĆ CIAŁA/WAGA 39–52 cm/1,4–3,4 kg

KATEGORIA ZAGROŻENIA Gatunek najmniejszej troski LC

Żbik europejski

Felis silvestris

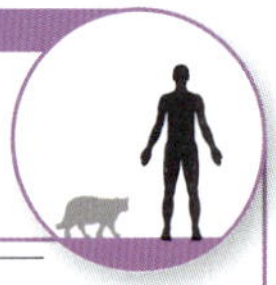

Wygląda jak duży, domowy pręgowany kot, ale jest w stanie przetrwać na wolności. Żywi się myszami, nornicami, królikami, zającami, rybami, ptakami. W Polsce, we wschodniej części Karpat, żyje około 200 osobników.

WYSTĘPOWANIE Lasy i zarośla obszarów górskich; Europa, Kaukaz, Azja Mniejsza

DŁUGOŚĆ CIAŁA/WAGA 47–66 cm/4–10 kg

KATEGORIA ZAGROŻENIA Gatunek najmniejszej troski LC

Ten kot unika kontaktu z ludźmi i nie występuje na obszarach miejskich lub rolniczych.

Kot nubijski

Felis silvestris lybica

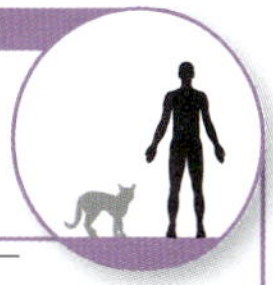

Północnoafrykański podgatunek żbika jest przodkiem wszystkich kotów domowych. Udomowienie kota nastąpiło tysiące lat temu, tępił gryzonie w magazynach zbożowych, stał się świetnym towarzyszem człowieka.

WYSTĘPOWANIE Pustynia, sawanna, użytki zielone i las; Afryka i Azja

DŁUGOŚĆ CIAŁA/WAGA 41–67 cm/3–6,5 kg

KATEGORIA ZAGROŻENIA Gatunek najmniejszej troski LC

Kot tybetański

Felis bieti

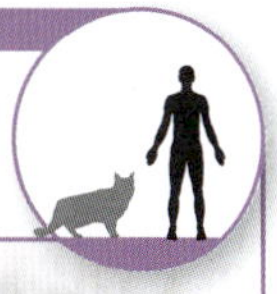

Piaskowa żółto-pomarańczowa sierść kota tybetańskiego jest niezwykła u dzikich kotów. Ten niewielki, krępy gatunek jest aktywny od zmierzchu do świtu, kiedy poluje na gryzonie i ptaki.

WYSTĘPOWANIE Wysoki step, łąka; Chiny

DŁUGOŚĆ CIAŁA/WAGA 68,5–84 cm/6–9 kg

KATEGORIA ZAGROŻENIA Gatunek narażony na wyginięcie VU

Wielkie koty zwane czarnymi panterami to
odmiany melanistyczne
jaguara lub lamparta

CĘTKOWANA PANTERA
Czarne pantery dowodzą, że wygląd może wprowadzać w błąd. Z daleka wydają się mieć całkowicie czarną sierść, jednak z bliska wzór rozet lub plam staje się wyraźny. Te duże koty to naprawdę jaguary lub lamparty dotknięte melanizmem (zabarwienie skóry wynikające ze zwiększonej zawartości melaniny – ciemnego pigmentu w komórkach barwnikowych), który może być adaptacją do środowiska lub zaburzeniem chorobowym.

Duże dzikie koty

Najbardziej fascynującymi przedstawicielami rodziny kotowatych na świecie są duże koty. Te potężne drapieżniki zajmują duże terytoria i polują na zdobycz, aby przetrwać na wolności. Większość dużych kotów ryczy, z wyjątkiem irbisa śnieżnego i pantery mglistej.

Czy wiesz, że...

WZORY

Dzikie koty mają różne wzory futra, aby kamuflować się podczas polowania.

▲ Ciemne rozety na jaśniejszym tle są charakterystyczne dla jaguarów i lampartów.

▲ Czarne paski na pomarańczowym futrze pomagają ukryć się tygrysowi wśród zarośli.

▲ Piaskowa sierść lwa pozwala wtopić się w środowisko trawiaste podczas polowania na zdobycz.

Jaguar

Panthera onca

Jedynym wielkim kotem pochodzącym z Ameryki Środkowej i Południowej jest jaguar. Ten mięsożerca jest samotnym myśliwym, zabija dużą zdobycz na lądzie, ale poluje także na żółwie i kajmany w pobliżu wody. Uwielbia pływać. Oznacza swoje terytorium odchodami lub drapiąc korę drzew.

WYSTĘPOWANIE Lasy deszczowe i mokradła; Ameryka Środkowa i Południowa

DŁUGOŚĆ CIAŁA/WAGA 1,2–1,7 m/56–96 kg

KATEGORIA ZAGROŻENIA Gatunek bliski zagrożenia NT

Silne, krępe kończyny wykorzystuje do wspinania się i pływania

Lew afrykański

Pathera leo

Potężny lew jest znany jako „król dżungli", chociaż większość lwów żyje na trawiastych równinach Afryki. Samce grzywiaste strzegą terytorium, podczas gdy samice polują razem jako drużyna, głównie na ssaki kopytne. Lwy to jedyne duże koty żyjące w grupach rodzinnych zwanych dumami.

WYSTĘPOWANIE Lasy, zarośla, łąki i pustynia; Afryka i północno-zachodnie Indie (wyspowo)

DŁUGOŚĆ CIAŁA/WAGA 1,6–2,5 m/ /120–200 kg

KATEGORIA ZAGROŻENIA Narażony na wyginięcie VU, azjatycki podgatunek (lew azjatycki), *Panthera leo persica* podlega w swojej ojczyźnie (lub w Indiach) całkowitej ochronie

Ryk lwa słychać z odległości 8 km.

Tygrys syberyjski

Panthera tigris altaica

Tygrys syberyjski jest największym, najcięższym i najpotężniejszym z kotów. Żyje na zalesionych obszarach, w których temperatura może spadać do –40°C w miesiącach zimowych. Jest samotnym myśliwym, ale może zabijać duże ssaki, takie jak dziki i jelenie. Tygrysy te występują w syberyjskim regionie Rosji, stąd ich nazwa.

WYSTĘPOWANIE Lasy górskie w pobliżu rzek i potoków; wschodnia Rosja, północne Chiny, półwysep koreański

DŁUGOŚĆ CIAŁA/WAGA 1,5–2,9 m/100–300 kg

KATEGORIA ZAGROŻENIA Gatunek zagrożony EN

Tygrys bengalski

Panthera tigris tigris

Ciemne paski to idealny kamuflaż dla tygrysów bengalskich żyjących w gorących, wiecznie zielonych lasach i na łąkach Azji Południowej. Ci silni, samotni łowcy używają swoich potężnych łap, aby zabijać zdobycz (głównie gaury lub bawoły) i wykorzystują duże zęby do przegryzania gardła ofiary i rozrywania mięsa. Najlepiej rozwiniętym zmysłem u tygrysów jest słuch, który pomaga w polowaniu. Dobrze pływają. Narodowe zwierzę Bangladeszu.

WYSTĘPOWANIE Lasy, łąki; subkontynent indyjski

DŁUGOŚĆ CIAŁA/WAGA 1,5–2,9 m/140–230 kg

KATEGORIA ZAGROŻENIA Gatunek zagrożony EN

Lampart plamisty

Panthera pardus

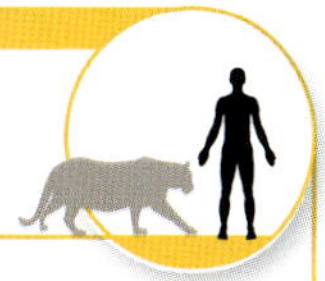

Ten cętkowany, samotny duży kot jest doświadczonym myśliwym i silnym wspinaczem. Ciężką zdobycz (lisy, zające, antylopy) wciąga na drzewa, aby zapobiec jej kradzieży przez inne drapieżniki.

WYSTĘPOWANIE Lasy, pustynie, użytki zielone, góry i sawanna; Afryka i Azja

DŁUGOŚĆ CIAŁA/WAGA 0,9–1,9 m/60–90 kg

KATEGORIA ZAGROŻENIA Gatunek narażony na wyginięcie VU

Irbis śnieżny

Uncia uncia

Samotny irbis śnieżny żyje w odległych obszarach górskich. Długie, wełniste futro i gruby ogon, który podwaja swoją objętość i służy do nakrywania, jak koc, pomagają mu zapewnić ciepło podczas przejmującego chłodu. Ten potężny kot może zabić zdobycz trzy razy cięższą od siebie i często poluje na duże dzikie owce i kozy.

WYSTĘPOWANIE Góry, powyżej granicy lasu; Azja Środkowa

DŁUGOŚĆ CIAŁA/WAGA 86–125 cm/25–75 kg

KATEGORIA ZAGROŻENIA Gatunek narażony na wyginięcie VU

Jasne futro wtapia się w skały i śnieg w górach, zapewniając kamuflaż

Lampart śnieżny może jednym skokiem pokonywać odległość do sześciu razy większą niż długość własnego ciała.

Duże, pokryte gęstym włosem, łapy zapobiegają zapadaniu się w śnieg

Pantera sundajska

Neofelis diardi

Angielska nazwa pochodzi od podobnego do chmur wzoru jej futra (clouded). Poluje na ziemi na dzikie świnie i jelenie, ale jest także doświadczonym wspinaczem, który potrafi poruszać się po drzewach i łapać małpy.

WYSTĘPOWANIE Lasy tropikalne; Sumatra i Borneo

DŁUGOŚĆ CIAŁA/WAGA 67–107 cm/10–25 kg

KATEGORIA ZAGROŻENIA Gatunek narażony na wyginięcie VU

Irbisy śnieżne mogą przetrwać nawet tak niskie temperatury
jak –40°C

ŚNIEŻNY SURVIVALOWIEC

Pasma górskie w Azji są domem dla irbisa śnieżnego. Ten duży kot znosi okrutne wiatry i burze śnieżne na dużych wysokościach do 6000 m n.p.m. Długie futro, które gęstnieje w zimie, zapewnia ciepło, a długi i puszysty ogon może okrywać ciało w chłodne noce.

Ciekawostki

CECHY FIZYCZNE

• Koty słyszą bardzo wysokie dźwięki, które są niesłyszalne dla ludzkich uszu. Zakres dźwięków odbieranych przez koty to 45 do 65 000 herców. Natomiast zakres ludzkiego słuchu waha się od 64 do 23 000 herców.

• Serce kota bije znacznie szybciej niż ludzkie serce. Ma tempo 140–220 uderzeń na minutę, w porównaniu do 60–100 uderzeń na minutę u człowieka.

• Kot czasami uciska przedmioty przednimi łapami. Nazywa się to ugniataniem, a niektórzy eksperci uważają, że wynika to ze wspomnień z dzieciństwa, kiedy był kotkiem i musiał naciskać brzuch swojej matki, aby popłynęło mleko.

• Koty pocą się głównie przez poduszki łap. Aby się ochłodzić, koty również liżą się i pokrywają futro śliną. Kiedy ślina wyparowuje, ochładza ciało.

• Koty mają trzy powieki – górna i dolna powieka zakrywają trzecią powiekę, zwaną także migotką. Chroni ona oko przed zanieczyszczeniami (brud, kurz) i uszkodzeniami mechanicznymi oraz utrzymuje wilgoć (produkuje i rozprowadza łzy).

Podobnie jak ludzki odcisk palca, nos każdego kota ma swój własny wzór, który jest całkowicie wyjątkowy i niepowtarzalny.

NIESAMOWITE UMIEJĘTNOŚCI

• Koty są zwierzętami, które nie rozróżniają słodkiego smaku, gdyż w ich rozwoju doszło do uszkodzenia jednego z genów. Nie są więc zainteresowane słodkim pożywieniem. Mogą jednak smakować i cieszyć się tłustymi potrawami, które są świetnym nośnikiem smaków i zapachów.

• Kocięta miauczą podczas komunikowania się z matką, ale przestają to robić, gdy dojrzeją. Dorosłe koty domowe miauczą w celu komunikowania się i, podobnie jak kocięta, robią to tylko po to, aby zwrócić na siebie uwagę.

• Kot często wydaje mruczący dźwięk, który może być również odczuwany jako wibracja. Szczęśliwy i zadowolony kot może mruczeć z prędkością 20–30 wibracji na sekundę. Kocięta zaczynają mruczeć, gdy mają zaledwie dwa dni.

• Koty z łatwością wspinają się na drzewa. Podczas wspinaczki używają pazurów, wygiętych jak haczyki, aby uchwycić się drzewa, ale gdy schodzą, pazury nie działają już tak dobrze i często jest to kłopotliwe.

• Koty często ocierają się o ludzi, których lubią i którym ufają. Robią to jako znak sympatii, a także, aby pozostawić swój zapach. W ten sposób znaczą swoje terytorium.

MITY I LEGENDY

• W indiańskim folklorze Wampus Cat jest zmieniającym kształt stworzeniem, podobnym do kuguara, z żółtymi oczami, mogącym osiągać dużą prędkość i posiadającym magiczne moce.
• W mitologii Majów istniał Bóg Jaguar zwany bóg L. Majowie budowali świątynie, aby oddawać mu cześć.

• Ważną postacią w mitologii Olmeków (*ludzie z krainy kauczuku*) zamieszkujących tereny dzisiejszego Meksyku, był jaguar, prawdopodobnie symbol sił natury. Przedstawiany w postaci człowieka z głową jaguara o ludzkiej twarzy.

• Tradycyjne kamienne posągi lwów (*Shi Shi* – kamienny lew) od wieków zdobią budynki w Chinach. Związane są z buddyzmem chińskim. Lew to opiekun i obrońca.

• Kot Yule, lub Jólakötturinn, to Kot Bożego Narodzenia w islandzkim folklorze. W noc Bożego Narodzenia Jólakötturinn zagląda przez okna, aby sprawdzić, czy dziecko nosi nowe ubranie. Dzieci, które przez cały rok dobrze wywiązywały się ze swoich obowiązków, otrzymują w prezencie nowe ubrania. Jeśli ich nie mają, oznacza to, że nie przemęczali się zbytnio, więc w ramach kary kot zjada całe ich jedzenie, a w niektórych opowieściach także dziecko!

Celtowie ze Szkocji bali się kota Sìth, czyli Fairy Cat – wielkiego, upiornego czarnego kota z białą plamą na piersi.

• Bakeneko to jeden z wielu japońskich mitów o kotach, dosłownie kot duch potrafiący zmieniać swoją postać. Chodzi na tylnych łapach, dorasta do wielkości człowieka i przemienia się w inne koty lub ludzi. Wykorzystywany w złowieszczych rytuałach.

NIEZWYKŁE REKORDY

• Najdłuższym żyjącym kotem domowym jest kocur rasy maine coon o imieniu Barivel z Włoch, który w 2018 roku osiągnął oszałamiające 120 cm.

• Najmniejszym zarejestrowanym kotem domowym był kocur perski colorpoint (himalajski) o imieniu Tinker Toy, z USA, który mierzył 7 cm wysokości i 19 cm długości.

• Najgłośniejsze mruczenie kota domowego jakie dotychczas zarejestrowano, to 67,8 decybeli, mniej więcej na tym samym poziomie co dźwięk odkurzacza. Mruczenie jest wydawane przez kota o imieniu Merlin zamieszkującego w Devon w Wielkiej Brytanii, odnotowane w 2015 roku.

• Najdłuższym zarejestrowanym ogonem kota domowego może się pochwalić srebrny kot rasy maine coon o imieniu Cygnus z USA; jego długość to 46,73 cm, zmierzona w 2018 roku.

• Najsławniejszym i najbardziej naburmuszonym kotem był amerykański mieszaniec znany jako Grumpy Cat. Stał się bardzo popularny w mediach społecznościowych i zarobił około 100 milionów USD.

Koty w kulturze

W HISTORII

• Prezydent USA Abraham Lincoln był miłośnikiem kotów. W Białym Domu zamieszkały dwa koty, Tabby i Dixi, a prezydent zwykł mawiać: „Dixie jest mądrzejsza niż mój cały gabinet! Co więcej, nie odszczekuje się!".

• Kot Mike pomagał odstraszać gołębie od głównej bramy British Museum w Londynie, oraz myszy od cennych zbiorów w latach 1909–1929. Wiadomość o jego śmierci w 1929 roku opublikowano w wiodących gazetach.

• Mówi się, że kot o imieniu Sam niezatapialny (wcześniej Oscar) przeżył zatopienie trzech pancerników podczas drugiej wojny światowej. Najpierw należał do członka załogi niemieckiego pancernika Bismarck, potem HMS Cossack, następnie HMS Ark Royal.

• Przez wieki koty były przewożone na pokładach statków do walki ze szczurami, a także żeby przynosić szczęście w podróży. Ale w 1975 roku Brytyjska Marynarka Wojenna Royal Navy zakazała wpuszczania kotów na statki, aby nie przenosiły chorób.

• Kot o imieniu Stubbs został honorowym burmistrzem Talkeetna na Alasce w USA w 1998 roku. Bardzo lubił pić ze szklanki wodę z dodatkiem kocimiętki!

W IX wieku irlandzki mnich napisał wiersz *Pangúr Bán*, który opowiada o jego białym kocie Pangur Bánie, czyli Białofilcu.

W KSIĄŻKACH I KOMIKSACH

• Dwa dzikie koty pojawiają się w *Księdze dżungli* Rudyarda Kiplinga. Bagheera, czarna pantera, jest lojalnym przyjacielem i mentorem dla ludzkiego chłopca Mowgli, podczas gdy tygrys bengalski Shere Khan jest niebezpiecznym drapieżnikiem.

• W 1939 roku T.S. Eliot opublikował zbiór poezji zatytułowany *Old Possum's Book of Practical Cats* – 15 wierszy o kotach posiadających charaktery i zachowania ludzi – na podstawie którego Andrew Lloyd Webber skomponował najdłużej wystawiany musical wszechczasów pod tytułem *Koty*.

• Lew Aslan pojawia się w serii książek brytyjskiego autora C.S. Lewisa *Opowieści z Narnii*. Ten mądry lew reprezentuje wszystko, co dobre w świecie Narnii.

• Opublikowany w 1957 roku *Kot Prot* opowiada historię gadającego kota, który odwiedza w deszczowy dzień dwoje znudzonych dzieci i zabawia je podczas nieobecności matki. Opowieść składa się z 223 podstawowych słów do nauki czytania.

• W komiksie Jima Davisa zadebiutował Garfield, rudy kot, który mieszkał z Jonem, jego właścicielem, i psem Odie. Miłość Garfielda do lenistwa i lazanii przysporzyła mu fanów na całym świecie.

W FILMIE I TELEWIZJI

• Owłosionym pomocnikiem kapitan Marvel w jej międzygalaktycznych bitwach była ruda pręgowana kotka o imieniu Goose. W filmie *Kapitan Marvel* Gosse grały cztery różne koty.

• Postać kota w butach, gwiazda serii *Shrek*, została oparta na bohaterze oryginalnej bajki *Kot w butach*. W filmie animowanym z 2011 roku o tym samym tytule głosu kotu użyczył hiszpański aktor Antonio Banderas.

• Perski kot Pan Tinkles w filmie z 2001 roku *Psy i koty* reprezentuje zło, które nienawidzi psów, zdeterminowane, by przejąć władzę nad światem.

• Ikoniczne logo ryczącego lwa MGM Pictures przedstawia lwa Leo. Od 1917 roku do produkcji logo wykorzystano siedem różnych lwów.

• Film *Born Free* (*Elza z afrykańskiego buszu*) z 1964 roku śledzi losy osieroconej lwicy Elsa, która została wychowana w Kenii przez strażnika i ekologa przyrody George'a Adamsona i jego żonę Joy, artystkę i przyrodniczkę. Oni chcą ją wypuścić na wolność.

• Publiczność zakochała się w Bobie, zabłąkanym rudym kocie z filmu *Kot Bob i ja* (A *Street Cat* Named *Bob)* z 2016 roku. Film oparty na pamiętniku Jamesa Bowena opowiada o tym, jak Bob zmienił życie ulicznego grajka uzależnionego od narkotyków, Jamesa, gdy był on bezdomny.

W serialu rysunkowym *Różowa Pantera* występuje różowa pantera ścigana przez niezdarnego detektywa Clouseau.

• Film *Dwaj bracia* opowiada historię dwóch tygrysków z Kambodży, o imieniu Kumal i Sangha, które zostają rozdzielone w młodości. Po latach spotykają się ponownie, ale już jako wrogowie.

• Klasyczna amerykańska kreskówka *Tom i Jerry* koncentruje się na Tomie, kocie domowym, który podejmuje rozmaite próby schwytania małej myszy o imieniu Jerry. Wybryki tego komicznego duetu cieszą odbiorców od dziesięcioleci.

• Film *Król Lew* ze studia Walta Disneya przedstawia lwiątko Simbę, którego ojca Mufasę podstępnie zabija jego wujek Skaza. Simba dorasta z dala od domu, a później powraca, by obalić Skazę i zająć miejsce jako przywódca swojej krainy Lwiej Ziemi.

• Uroczą postacią w opowiadaniach Kubusia Puchatka A.A. Milnego jest tygrys Tygrysek. Bryka on w Stumilowym Lesie i wykazuje niekończący się entuzjazm, zarażając radością swoich leśnych przyjaciół: Kubusia, Krzysia, Prosiaczka, Królika, Kłapouchego czy Maleństwo.

• Czarno-biały kot Sylwester powoduje chaos i płata figle w nagradzanej serii kreskówek Looney Tunes. Cały czas ściga żółtego kanarka Tweety lub najszybszą na świecie meksykańską mysz Speedy Gonzales.

• Kot-czarodziej Salem był towarzyszem Sabriny w serialu *Sabrina, nastoletnia czarownica*.

Słowniczek

Błona odblaskowa, **makata odblaskowa** (***tapetum lucidum***) U niektórych zwierząt warstwa w oku odbijająca światło, pomagająca zwierzętom widzieć w słabym świetle.

Brodawki na języku U kotów małe, zakrzywione do tyłu wypustki/kolce z keratyny, białka znajdującego się w ludzkich włosach i paznokciach; służą do pielęgnacji futra i zrywania mięsa z kości.

Carnivora (drapieżne) – rząd ssaków lądowych i wodnych żywiących się upolowanym mięsem.

Chowane pazury U kotowatych szczególny typ pazurów, których budowa umożliwia ich chowanie i wysuwanie (z drobnymi wyjątkami, na przykład gepard).

DNA Skrót od kwasu dezoksyrybonukleinowego (DNA), złożonej cząsteczki chemicznej w komórce, przenoszącej informację genetyczną.

Drapieżnik Mięsożerne zwierzę, które poluje na inne zwierzęta, aby je zjeść.

Felidae Rodzina kotowatych, składająca się z 41 gatunków i dzieląca na dwie podrodziny: małych kotów (*Felinae*) i wielkich kotów (*Pantherinae*), w tym zarówno dzikich kotów, jak i kota domowego.

Felinae **(małe koty)** Podrodzina kotowatych (*Felidae*) licząca 34 gatunki.

Felinologia – nauka o kotach.

Gen Podstawowa jednostka dziedziczenia znajdująca się w określonym miejscu w DNA, fragment odpowiadający za określoną cechę.

Genetyka Badanie genów, ich zmienności i dziedziczenia.

Heterochromia Różnobarwne tęczówki oka.

Hybryda/Mieszaniec Potomstwo krzyżówki dwóch różnych gatunków.

Kamuflaż Kolor lub wzór futra, który pomaga dzikiemu kotu wtopić się w jego naturalne środowisko.

Keratyna Białko występujące między innymi w pazurach i włosach.

Klimat Średnia wartość poszczególnych pomiarów warunków pogodowych na dużym obszarze w długim okresie czasu.

Klonowanie Proces tworzenia organizmu z wykorzystaniem inżynierii genetycznej, który jest dokładną kopią genetyczną oryginału.

Kocimiętka Roślina z rodzaju jasnotowatych, silnie pachnąca. Zawiera czynniki wabiące, które przyciągają większość kotów.

Kolory sierści
• bluepoint – znaczenia w kolorze niebieskim
• calico – szylkretowe z białym
• cameo – umaszczenie srebrzyste
• chinchilla – jedna ósma końcówki włosa ma barwę jednego z podstawowych odcieni czerni, natomiast pozostała część jest srebrno-biała
• chocolatepoint – znaczenia w kolorze czekoladowym
• creampoint – znaczenia w kolorze kremowym
• dwukolorowe – każde połączenie z białym – w zależności od stosunku bieli do koloru wyróżnia się trzy główne odmiany: harlequin przy stosunku 1:6, van z przewagą koloru białego oraz bicolour, gdy stosunek bieli do koloru jest taki sam.
• dzicze (agouti) – nasada włosa ciemna, szczyt żółty
• fawn – umaszczenie płowe (jasnobrązowe)
• lilacpoint – znaczenia w kolorze liliowym

• odmiana biała, tzw. foreign white z nieujawnionymi skłonnościami dziedzicznymi do oznak
• point umaszczenie/znaczenie futra, przy którym pyszczek, uszy, ogon oraz łapy są w dużo ciemniejszym odcieniu niż inne partie ciała. Wymagany jest wyraźny kontrast między kolorem zasadniczym a kolorem znaczeń.
• redpoint – znaczenia w kolorze rudym
• sealpoint – znaczenia w kolorze ciemnobrązowym (umaszczenie kojarzone z klasycznym syjamem i uważane za najbardziej atrakcyjne, ciemne ubarwienie końcówek tworzy najwyraźniejszy kontrast z jasnym kolorem reszty ciała)
• tabbypoint – znaczenia w kolorze pręgowanym, tygrysim, klasycznym, cętkowanym oraz nakrapianym
• ticking, czyli wybarwienie końcówki włosa
• tortiepoint – znaczenia w kolorze szylkretowym tzw. żółwiowym, trójkolorowe, w takim ubarwieniu występują tylko kotki

Kot domowy Pochodzący od kota nubijskiego gatunek drapieżnego ssaka z rodziny kotowatych, który został udomowiony około 9500 lat temu.

Kręgi Podstawowe elementy, z których zbudowany jest kręgosłup, przez który przebiega rdzeń kręgowy.

Krzyżówka Potomstwo wyselekcjonowane/wyhodowane przez skrzyżowanie jednej rasy np. kota, z drugą.

Łamacze Wyspecjalizowane zęby policzkowe tnące ssaków drapieżnych, które służą do cięcia mięsa i łamania kości.

Melanizm Dziedziczny stan, w którym wytwarzany jest w nadmiarze ciemny pigment – melanina, przez co zwierzę wydaje się czarne lub brunatne.

Miękki kark patrz scruff

Mięsożerne Zwierzęta żywiące się głównie mięsem.

Miot Grupa kociąt urodzonych w tym samym czasie przez tę samą matkę.

Mumifikacja Proces konserwacji zwłok przez balsamowanie i owijanie ich materiałem, zapobiegający rozkładowi; praktykowane w starożytnym Egipcie.

Mutacja Losowa zmiana w DNA, która może być neutralna, korzystna lub szkodliwa.

Nierodowodowy Kot, który nie należy do żadnej uznanej rasy, niemający dokumentu rodowodu.

Nocne zwierzę Zwierzę prowadzące nocny tryb życia – aktywne nocą.

***Pantherinae* (pantery)** Jedna z dwóch podrodzin z rodziny *Felidae*, składająca się z 7 gatunków dużych kotów.

Pigmentacja Naturalne zabarwienie skóry, futra lub włosów.

Podszerstek Warstwa futra, która znajduje się pod włosem okrywowym. Krótka, gęsta, miękka, nieprzemakalna, termoizolacyjna.

Przeciwciała Rodzaj białek we krwi, które zwalcza bakterie lub inne zagrożenia organizmu jako część układu odpornościowego.

Rasa Grupa kotów o charakterystycznym wyglądzie, opracowana i utrzymywana przez selektywną hodowlę.

Reakcja Flehmena (zmysł chemiczny) Zachowanie, które poprawia odbiór zapachu poprzez otwieranie pyska i zawijanie górnej wargi. Przez narząd Jacobsona mający ujście w postaci dwóch cienkich rurek znajdujących się w podniebieniu za górnymi zębami, na wysokości kłów koty mogą odbierać zapachy pochodzenia seksualnego – feromony (substancje chemiczne oznaczające między innymi płeć osobnika).

Rex Każda mutacja genetyczna u kotów, która determinuje u nich występowanie kręconego futra.

Rodowód Świadectwo, że kot jest czystej krwi o znanym pochodzeniu, który ma szczególne cechy danej rasy.

Rodzina Poziom klasyfikacji biologicznej; patrz *Felidae*.

Scruff To luźna, mniej wrażliwa skóra na karku niektórych zwierząt. Matki noszą kocięta tylko przez pierwsze kilka tygodni życia, ponieważ kotki odruchowo stają się całkowicie bezwładne – odruch utracony w wieku dojrzewania.

Siedlisko Naturalne środowisko zwierzęcia lub rośliny.

Sierść/futro Warstwa włosów pokrywająca skórę wielu zwierząt (ssaków).

Staw skokowy Staw w tylnej kończynie, odpowiadający ludzkiej kostce i pięcie.

Wibrysy, wąsy Inaczej włosy czuciowe czy włosy zatokowe – dłuższe włosy w sierści kota, które przenoszą dane sensoryczne do mózgu. Narząd zmysłu dotyku. Sztywne, ruchome włosie sensoryczne na głowie, gardle i przednich łapach kota, używane do orientacji w terenie.

Włosy (rodzaje):
- włosy czuciowe Długie i sztywne, mające u podstawy liczne zakończenia nerwowe, narząd zmysłu dotyku, między innymi nad oczami, na policzkach, wąsy (wibrysy).
- włosy okrywowe Tworzą je włosy przewodnie i włosy ościste, które chronią przed deszczem, śniegiem i słońcem. Ich grubość i sztywność zależą od rasy.
- włosy puchowe Krótkie, miękkie, cienkie włosy, które tworzą podszerstek i pomagają utrzymać ciepło.

Wzór rozety Wzorzyste futro, na którym ciemniejsze znaczki w kształcie rozety zapewniają kamuflaż niektórym dzikim kotom.

Zagrożone gatunki Gatunki w większym lub mniejszym stopniu zagrożone wyginięciem patrz s. 3.

Zdobycz Zwierzę – ofiara upolowana przez drapieżnika.

Zdziczały Kot domowy, który żyje jak dziki kot z niewielkim kontaktem lub bez kontaktu z człowiekiem.

Znaczenie terenu Zachowanie, które przekazuje informacje innym kotom przy użyciu gruczołów zapachowych: rozpylanie moczu, ocieranie się, niezakopywanie odchodów, drapanie (zostawianie widocznych śladów), lizanie w celu oznaczenia terytorium.

Zwierzęta nocne Zwierzęta prowadzące nocny tryb życia – aktywne nocą.

Indeks